高速公路建设安全管理手册

第三册 特种设备和专用设备管理

浙江交投交通建设管理有限公司 主编

人民交通出版社股份有限公司
北 京

内 容 提 要

《高速公路建设安全管理手册》在充分总结梳理高速公路建设安全管理经验基础上,依据相关法律法规及标准规范编写而成,分为管理要点、标准化管理、特种设备和专用设备管理三册。本书为第三册,共分3章和1个附录,内容包括特种(专用)设备管理概述、特种设备检查要点、吊装作业管理要求等。

本书可供高速公路建设安全管理人员、技术人员及一线作业人员参考。

图书在版编目(CIP)数据

高速公路建设安全管理手册. 第三册,特种设备和专用设备管理 / 浙江交投交通建设管理有限公司主编. — 北京:人民交通出版社股份有限公司,2023.7
 ISBN 978-7-114-18830-5

Ⅰ. ①高⋯ Ⅱ. ①浙⋯ Ⅲ. ①高速公路—道路工程—安全生产—设备管理—手册 Ⅳ. ①U412.36-62

中国国家版本馆 CIP 数据核字(2023)第 098541 号

Gaosu Gonglu Jianshe Anquan Guanli Shouce　Di-san Ce　Tezhong Shebei he Zhuanyong Shebei Guanli

书　　名:	高速公路建设安全管理手册　第三册　特种设备和专用设备管理
著 作 者:	浙江交投交通建设管理有限公司
责任编辑:	王海南
责任校对:	赵媛媛
责任印制:	张　凯
出版发行:	人民交通出版社股份有限公司
地　　址:	(100011)北京市朝阳区安定门外外馆斜街3号
网　　址:	http://www.ccpcl.com.cn
销售电话:	(010)59757973
总 经 销:	人民交通出版社股份有限公司发行部
经　　销:	各地新华书店
印　　刷:	北京市密东印刷有限公司
开　　本:	787×1092　1/16
印　　张:	9.75
字　　数:	200千
版　　次:	2023年7月　第1版
印　　次:	2023年7月　第1次印刷
书　　号:	ISBN 978-7-114-18830-5
定　　价:	80.00元

(有印刷、装订质量问题的图书,由本公司负责调换)

《高速公路建设安全管理手册
第三册 特种设备和专用设备管理》

审定委员会

主　　任：陈继禹　金朝阳

副 主 任：邱兴友　杨　洲　方明山　杨成安　李　群
　　　　　潘根东　任列平　吴波明　马必利　黄决革
　　　　　王剑琳　陈　翔　吴华宾

编写委员会

主　　编：伍建和

副 主 编：薛温瑞　蒋　强　蒋剑锋　韩成功

编写人员：李　季　孟海涛　王　皓　吴　博　陈　磊
　　　　　黄胜红　厉乐乐　贾洪波　王　寅　谢启迪
　　　　　徐项通　王乾宏　吕　洲

PREFACE 序

党的十九大报告提出建设交通强国,为我国交通工程建设发展指明了方向。"不以规矩,不能成方圆",说明自古以来标准和规则都是社会发展的基本要求。在公路行业蓬勃发展的热潮中,浙江省在高速公路建设安全标准化工作中逐渐摸索出一条自己的道路。

浙江省第一条高速公路——沪杭甬高速公路于1992年开工,意味着浙江省高速公路建设迈出了第一步,高速公路建设安全标准化工作也一并启动。随着杭金衢、金丽温等多条高速公路主骨架路段开始建设,高速公路建设管理力度逐步加大,地方支持保障力度逐步加强,各级交通运输主管部门陆续出台了安全标准化管理的相关政策,参建单位也狠抓安全标准化、制度化建设。2017年,全国公路水路品质工程现场推进会在乐清湾跨海大桥召开,浙江交投交通建设管理有限公司(以下简称"浙交建设")顺势出台了全省首个《安全管理大纲》,标志着浙江省高速公路建设正式进入标准化、制度化的发展层面。

为推动浙江省高速公路建设高质量发展,促进高速公路建设标准化管理,提升安全管理水平,树立行业文明施工形象,浙交建设总结提炼乐清湾跨海大桥、宁波舟山港主通道、杭绍甬高速公路杭绍段、杭甬复线一期等项目的安全标准化工作创新和实践,组织编制了《高速公路建设安全管理手册》(以下简称《手册》)。

《手册》共分为三册,汇集了浙交建设推进高速公路建设安全标准化、创建"平安百年品质工程"的有益尝试和感受体会,内容丰富,案例翔实,既有关键技术的创新突破,也有实践经验的提炼总结,具有很强的针对性和学习借鉴价值,为浙江省高速公路建设提供了安全标准化管理思路。

加快建设交通强国,实现交通建设的高质量发展,需要我们学习互鉴、共同提高。《手册》具有一定的适用性、专业性、可读性,希望广大同业者能与我们广泛交流,共同守正创新,提升安全管理水平,让安全标准化管理在交通建设领域持续焕发勃勃生机,奋楫续写新时代建设交通强国新荣光。

FOREWORD 前言

过去十年,我国交通基础设施建设实现跨越式发展,综合交通运输网总里程已超过 600 万 km。在交通强国建设的大背景下,交通基础设施投资、建设、运营迎来"黄金时代",越来越多的高速公路新建项目已被安排上日程。

广义上讲,特种(专用)设备是指危险性大,在生产和使用过程中稍有不慎就会造成重大破坏或重大人身伤亡事故、财产损失的设备。随着高速公路项目的不断增多,建设项目中使用的特种(专用)设备的数量、规格急剧增加。特种(专用)设备本身所具有的危险性,与迅猛增长的设备数量、规格因素双重叠加,使得特种(专用)设备安全运行形势更加复杂。因此,做好特种(专用)设备全过程管理是高速公路建设安全生产的重要保障。

本书明确了特种(专用)设备的资质要求、档案管理要求、进退场要求、吊装作业安全管理等内容,总结归纳了特种(专用)设备检查要点、安全风险和处置建议。通过问题照片与标准照片的比对,图文并茂地向读者展示特种(专用)设备的管理要求,指导从业人员快速掌握技能、识别风险、规范操作,高效开展隐患治理工作,也能为相关管理人员提供日常工作的技术指导。

同时,考虑到目前新建、改扩建高速公路项目与现有道路、管线等特殊环境交叉增多,本书中涉路施工、高压线下施工、群塔作业、水上作业等特殊环境下设备的安全操作要求,可为高速公路项目建设中特种(专用)设备安全管理和起重作业安全操作提供指导。

CONTENTS 目录

1 特种（专用）设备管理概述

1.1 定义 ··· 2
1.2 特种设备法律法规及规章 ·· 2
1.3 交通建设工程常见特种设备 ·· 3
1.4 特种（专用）设备管理要求 ·· 6
1.5 特种设备资质要求 ·· 8
1.6 起重机械相关名词含义 ··· 8
1.7 特种（专用）设备标准化要求 ······································· 9

2 特种（专用）设备检查要点

2.1 特种设备主要危害特征 ··· 16
2.2 特种设备检查要点 ·· 17
2.3 专用设备检查要点 ·· 91

3 吊装作业管理要求

3.1 吊装作业管理基本规定 ··· 114
3.2 特种设备证书 ··· 116

3.3 常见重要零部件报废标准 …………………………………………… 117
3.4 吊具检查 …………………………………………………………… 122
3.5 起重设备吊装作业安全管理 ……………………………………… 129
3.6 特殊吊装作业安全管理 …………………………………………… 137

附录　达到或超过报废标准的可见钢丝数

特种（专用）设备管理概述

高速公路建设安全管理手册

1.1 定义

1.1.1 特种设备定义

特种设备是指对人身和财产安全有较大危险性的锅炉、压力容器(含气瓶)、压力管道、电梯、起重机械、客运索道、大型游乐设施、场(厂)内专用机动车辆以及法律、行政法规规定适用《中华人民共和国特种设备安全法》的其他特种设备。

其中,承压类设备有三种,包括锅炉、压力容器(含气瓶)、压力管道;机电类设备有五种,包括电梯、起重机械、客运索道、大型游乐设施、场(厂)内专用机动车辆。

国家对特种设备实行目录管理。特种设备目录由国务院负责特种设备安全监督管理的部门制定,报国务院批准后执行。

1.1.2 专用设备定义

本书中专用设备是指交通建设工程中使用的汽车起重机、挂篮、桥面吊机、挖掘机、装载机、旋挖钻机等设备。

1.2 特种设备法律法规及规章

《中华人民共和国特种设备安全法》是为了加强特种设备安全工作,预防特种设备事故,保障人身和财产安全,促进经济社会发展而制定。由全国人民代表大会常务委员会于2013年6月29日发布,自2014年1月1日起施行。

《特种设备安全监察条例》于2003年3月31日公布,自2003年6月1日起施行。根据《国务院关于修改〈特种设备安全监察条例〉的决定》(国务院令2009年第549号)修订,修订版于2009年1月24日公布,自2009年5月1日起施行。

《特种设备使用管理规则》(TSG 08—2017)是为规范特种设备使用管理,保障特种设备安全经济运行,由国家质量技术监督检验检疫总局于2017年1月发布,自2017年8月1日起施行。该规则适用于《特种设备目录》范围内特种设备的安全与节能管理。

《特种设备作业人员监督管理办法》是为了加强特种设备作业人员监督管理工作,规范作业人员考核发证程序,保障特种设备安全运行,由国家质量监督检验检疫总局于 2010 年 11 月 23 日发布,自 2011 年 7 月 1 日起施行。

1.3 交通建设工程常见特种设备

交通建设工程常见特种设备有:起重机械(通用桥式起重机、电动单梁起重机、通用门式起重机、架桥机、普通塔式起重机、履带起重机、施工升降机)、场(厂)内专用机动车辆(主要为叉车)、压力容器(固定式压力容器、气瓶)等,见表 1-1。

交通建设工程常见特种设备　　　　表 1-1

续上表

	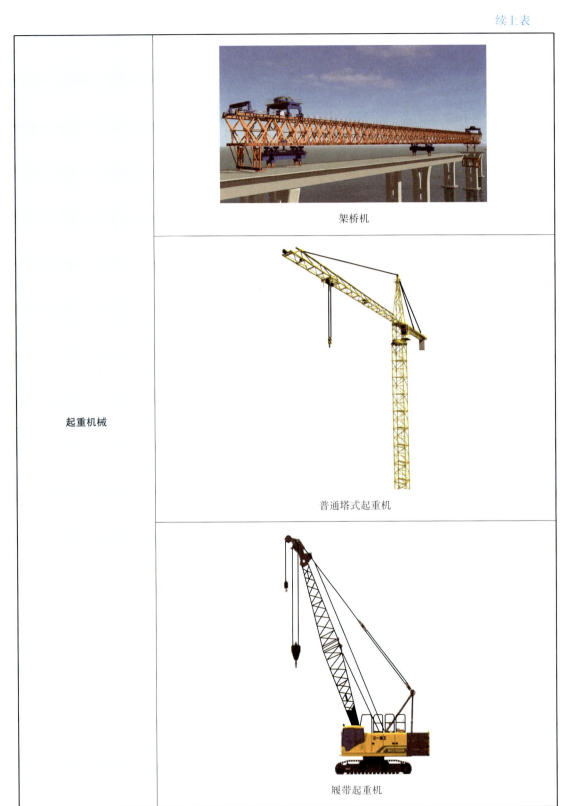架桥机
起重机械	普通塔式起重机
	履带起重机

1 特种（专用）设备管理概述

续上表

起重机械	施工升降机
场（厂）内专用机动车辆	叉车
压力容器	固定式压力容器

续上表

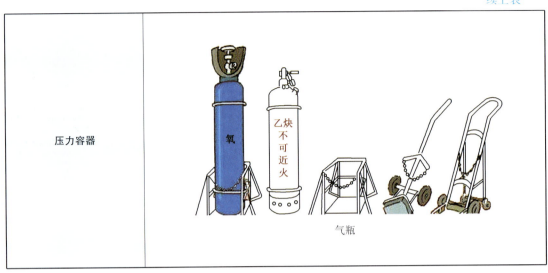

1.4 特种(专用)设备管理要求

(1)开展特种设备从选型、进场、保养、作业、检查、退场过程的全周期管理,实现设备选型符合率100%、设备证书符合率100%、设备操作工持证率100%、设备安拆方案编审率100%、设备信息公示牌标准化率100%、重大设备安全隐患控制率100%、设备安全监控预警系统安装率100%、设备进退场和日常使用维修保养资料完整率100%。

(2)应严把特种(专用)设备准入关,进场大型设备的使用年限宜在3年以内;在3年(含)以上5年以下的,需进行结构无损探伤;5年(含)以上的,需做整体安全评估。同时,应对进场的设备组织检查验收,按规定进行检验、办理使用登记,确保进场设备全部合格。根据实际提前做好设备选型,选型要充分考虑已使用年限、使用环境、起吊重量等因素。

1.4.1 特种设备法定检验办理流程

特种设备法定检验办理流程如图1-1所示。

1.4.2 特种设备档案内容

特种设备档案资料见表1-2。

1 特种（专用）设备管理概述

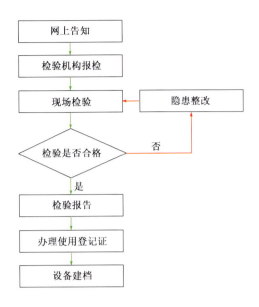

图 1-1 特种设备法定检验办理流程

特种设备档案资料　　　　　　　　　　　　　　　　　表 1-2

标段	资料名称或简称
1	施工设备进场验收记录、施工设备进场验收登记台账、施工设备退场验收记录
2	制造厂家资料(特种设备制造许可证、型式试验证书)
3	出厂资料(合格证、设计文件)
4	安装及使用维护保养说明书
5	施工单位许可证
6	施工方案、图样、材料质量证明书和施工质量证明文件
7	监督检验报告、自行验收报告
8	使用登记证
9	定期检验报告
10	各类记录(定期自行检查记录、日常使用状况记录、维护保养记录、安全装置及主要零部件更换记录和合格证等)
11	人员资格证书
12	运行故障记录、事故记录及事故处理报告

1.5 特种设备资质要求

特种设备制造、安装、改造、修理单位应具有相应资质。具有特种设备制造资质的单位可以开展安装、改造和修理业务;具有安装资质的单位可以开展安装和修理业务;开展改造业务的单位必须具有制造资质。其中,常用起重机械许可参数见表1-3。

常用起重机械许可参数　　　　　　　　　　　表1-3

设备类别	许可参数级别 A	许可参数级别 B	备注
桥式、门式起重机	200t 以上	200t 及以下	A级覆盖B级,岸边集装箱起重机、装卸桥纳入A级许可
流动式起重机	100t 以上	100t 及以下	A级覆盖B级
门座式起重机	40t 以上	40t 及以下	A级覆盖B级
机械式停车设备			
塔式起重机、升降机	不分级		
缆索式起重机			
桅杆式起重机			

注:t(吨)是指额定起重量。

1.6 起重机械相关名词含义

改造:改变原有主要受力结构件的结构形式、主要机构形式、主参数的活动。

修理:更换原有主要零部件、安全保护装置,调整控制系统,但不改变主参数的活动。

重大修理:更换原有主要受力结构件、控制系统,但不改变主参数的活动。

主要受力结构件:主梁、主副吊臂、主支撑腿、标准节等。其中,机械式停车设备的主梁指横(纵)梁,主支撑腿指立柱。

主要机构:起升机构、变幅机构。

主参数:额定起重量、额定起重力矩、层数或生产率。

1.7 特种(专用)设备标准化要求

1.7.1 使用环境(表1-4)

特种(专用)设备使用环境　　　　表1-4

工点工厂化布设(一)

工点工厂化布设(二)

预留人员、车辆通道

续上表

材料堆放规整

电缆架空

设置遥控器存放区

配电箱等附属设施摆放整齐

▲起重机械与周围建筑(构)物之间的距离符合要求,预留人员通道、车辆通道,材料堆放规整,不得影响设备使用,使用环境整洁;设置专用电缆槽、遥控器存放区,配电箱等附属设施摆放整齐

1.7.2 信息标牌(表 1-5)

特种(专用)设备信息标牌　　　　　表 1-5

设置信息公示牌

设置设备码

设置安全爬梯和警示标志牌

危险部位设置警示信息标牌或标识

续上表

急停处标识清晰

▲设备信息完整,粘贴设备码;爬梯通道、危险部位设置警示信息标牌或标识;急停处标识清晰

1.7.3 专用区域(表1-6)

特种(专用)设备专用区域　　　　表1-6

设置起重机专用停机位

续上表

设置起重机风缆固定处(一)

设置起重机风缆固定处(二)

设置起重机保养区

▲设置起重机的专用停机位、风缆固定处、保养区

2 特种(专用)设备检查要点

2.1 特种设备主要危害特征

2.1.1 起重机械主要危害特征

各类起重机械易发生重物坠落事故。桥式起重机易发生脱轨、坠落等事故；门式起重机易发生脱轨、倾覆、小车坠落等事故；流动式起重机易发生倾覆、折臂等事故；塔式起重机易发生倒塌、折臂等事故；施工升降机易发生倒塌、吊笼坠落、冲顶等事故。

大型起重机械的安装、拆卸过程中易发生倾覆、人员高处坠落等事故。

主要危害特征有：

(1)事故大型化、群体化，事故后果严重，不仅伤及人员，还可能伴随大面积设备设施的损坏。

(2)事故类型集中，一台设备可能发生多起不同性质的事故。

(3)伤害所涉及的人员可能是司机、司索工和作业范围内的其他人员，其中司索工被伤害的比例最高。

(4)在安装、维修和正常起重作业中都有可能发生事故，其中，起重作业中发生的事故最多。

2.1.2 场(厂)内专用机动车辆(叉车)主要危害特征

交通建设工程使用的场(厂)内专用机动车辆主要为叉车。叉车在使用过程中易发生倾翻、挤压、货物散落伤人事故，不仅对周边人员造成伤害，还往往对驾驶人员造成伤亡。

2.1.3 压力容器(储气罐)主要危害特征

(1)压力容器在运行中由于超压、过热，或腐蚀、磨损等，超过受压元件的承受极限，易发生爆炸、撕裂等事故。

(2)压力容器发生爆炸事故后，不但自身被毁，而且还可能波及周围的设备、建筑和人群，其爆炸所直接产生的碎片能飞出数百米，并能产生巨大的冲击波，其破坏力极大。

2.2 特种设备检查要点

2.2.1 特种设备通用检查要点(表 2-1)

特种设备通用检查要点　　　　　　　　　表 2-1

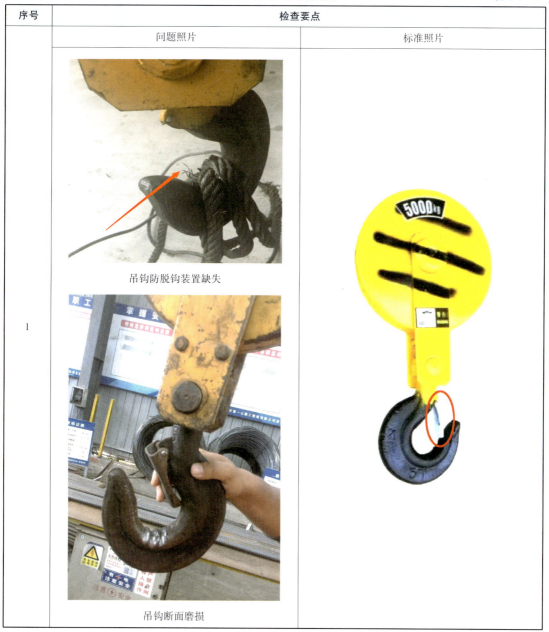

续上表

序号	检查要点	
	问题照片	标准照片
1	 吊钩开口度过大  吊钩经过焊补  防护罩破损	

2 特种（专用）设备检查要点

续上表

序号	检查要点	
	问题照片	标准照片
1	吊钩滑轮组破损	
	检查要点：①吊钩防脱钩装置是否缺失；②吊钩断面是否存在磨损、裂纹；③吊钩开口度是否过大；④吊钩是否经过焊补；⑤吊钩滑轮组是否具备防护罩，防护罩是否破损；⑥吊钩滑轮组是否破损。 **安全风险**：存在脱钩、吊钩断裂、钢丝绳磨损等风险，易发生起重伤害事故。 **处置建议**：①安装防脱钩装置；②吊钩断面磨损超过原尺寸的10%或吊钩存在裂纹，应报废；③吊钩开口度比原尺寸增加15%以上时应报废；④报废；⑤修复；⑥更换	
	问题照片	标准照片
2		

续上表

序号	检查要点	
	问题照片	标准照片
2	 起重量限制器未正确安装  起重量限制器显示器失效 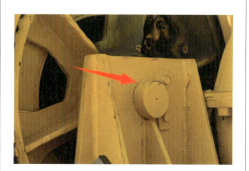 未安装起重量限制器	 

续上表

序号	检查要点	
2	问题照片	标准照片
	显示器失效	
	检查要点：①是否安装起重量限制器，起重量限制器是否有效，在达到额定起重量的95%时是否发出警报声，超过额定起重量的105%时是否切断向上运行的电源；②是否配有显示器，显示器是否显示准确。 安全风险：超载时无法及时报警并停止运转，易造成主要受力构件、制动装置失效。 处置建议：安装起重量限制器并配备显示器，首次使用时应进行试验	
3	问题照片	标准照片
	 销轴防脱销装置缺失	

续上表

序号	检查要点	
	问题照片	标准照片
3	 开口销尾部开口未达到标准  销轴存在焊接情况	 

检查要点：①销轴防脱销装置是否缺失；②开口销尾部是否分开60°~90°；③销轴是否被焊接。

安全风险：①、②存在销轴脱落风险；③销轴的性能要求高，焊接后金相组织及受力状态发生变化，易导致断裂。

处置建议：①、②按设计文件使用合格标准开口销，开口度达到规范要求；③报废

续上表

序号	检查要点	
	问题照片	标准照片
4	 制动片磨损超标  制动片磨损不均匀	  

续上表

序号	检查要点	
	问题照片	标准照片
4	 缺失制动衬垫 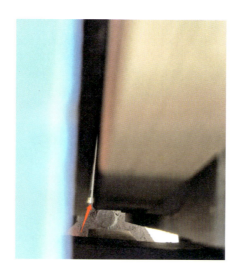 制动衬垫与制动轮(盘)之间存在间隙	

续上表

序号	检查要点	
	问题照片	标准照片
4	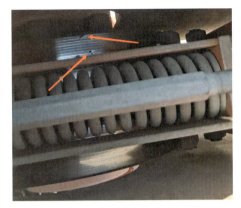 制动轮（盘）表面凹凸不平  制动轮（盘）表面有裂纹	

检查要点：①制动片磨损是否超标；②制动片磨损是否均匀；③是否缺失制动衬垫；④制动衬垫与制动轮（盘）之间是否存在间隙；⑤制动轮（盘）是否出现裂纹，表面是否凹凸不平。
安全风险：有发生溜钩、制动失控的风险。
处置建议：①、②、⑤制动片磨损达到50%时应更换；制动轮（盘）表面有裂纹，平面度达到1.5mm时应报废，磨损超过50%时应报废；③增加制动衬垫；④调整制动衬垫与制动轮（盘）之间的间隙，使其符合要求

续上表

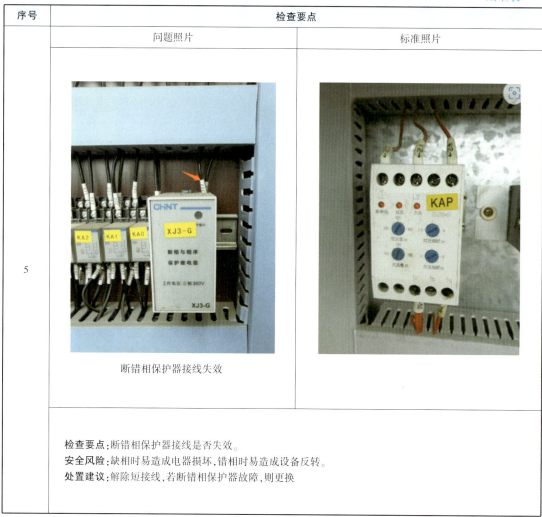

序号	检查要点	
	问题照片	标准照片
5	断错相保护器接线失效	

检查要点：断错相保护器接线是否失效。
安全风险：缺相时易造成电器损坏，错相时易造成设备反转。
处置建议：解除短接线，若断错相保护器故障，则更换。

2.2.2 通用桥式起重机

通用桥式起重机总图如图2-1所示。通用桥式起重机检查要点见表2-2。

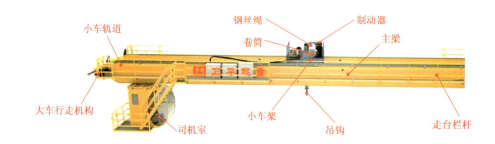

图2-1 通用桥式起重机总图

2 特种（专用）设备检查要点

通用桥式起重机检查要点 表2-2

序号	检查要点	
	问题照片	标准照片
1	主梁腹板变形	
	检查要点：①主梁腹板是否变形、腐蚀；②焊缝是否开裂。 **安全风险**：设备失稳，易发生坠落、倾覆事故。 **处置建议**：①主梁变形时应报废，腹板变形时如修复能使其达到设计要求则进行修复，不能修复则应报废；②一级焊缝返修后应进行无损检测，出具检测报告，焊工应具有特种设备结构焊证书	
	问题照片	标准照片
2	连接螺栓缺失	
	检查要点：连接螺栓是否缺失或松动。 **安全风险**：承载能力下降，有设备坠落风险。 **处置建议**：补充缺失的螺栓，按使用说明书或设计文件要求的预紧力进行紧固	

续上表

序号	检查要点	
3	问题照片	标准照片
	高度限位器失效	
	检查要点：①电子式高度限位器是否设置两套；②吊钩滑轮达到上限位时，限位开关是否发出动作并切断上升方向电源。 **安全风险**：高度限位器失效，吊钩冲顶，严重时可能拉断钢丝绳。 **处置建议**：①设置两套不同形式的电子式高度限位器，并调整到适宜的限制高度；②修复	
4	问题照片	标准照片
	未设置导绳器	

续上表

序号	检查要点	
4	问题照片	标准照片
	 钢丝绳排列紊乱	
	检查要点：①是否设置导绳器；②导绳器是否能有序排绳。 安全风险：①导绳器缺失可能导致断火限位失效；②钢丝绳在卷筒上排列紊乱，易导致钢丝绳磨损甚至被拉断。 处置建议：①安装导绳器；②重新排列钢丝绳	
5	问题照片 	标准照片 

序号	检查要点	
5	问题照片	标准照片
	 行程限位器失效	
	检查要点：是否设置限位安全尺或反光板、限位开关（触碰式或光电式），且限位安全尺或反光板的位置与限位开关相对应。 **安全风险**：易与止挡或相邻设备发生碰撞，造成吊物摆动过大，或冲出轨道。 **处置建议**：设置位置相对应的限位安全尺（反光板）和限位开关	
6	问题照片	标准照片
	 遥控器急停开关失效	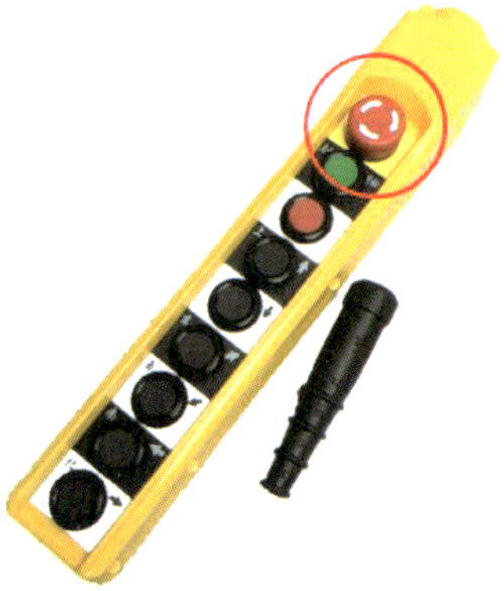

2 特种（专用）设备检查要点

续上表

序号	检查要点	
	问题照片	标准照片
6	遥控器按钮标识模糊	
	检查要点：①遥控器急停开关是否能切断设备总电源，急停开关是否会自动复位；②遥控器按钮标识是否缺失。 **安全风险**：①紧急情况时无法及时切断电路总电源，易发生起重伤害事故；②易造成操作失误。 **处置建议**：①设置双稳态不能自动复位的急停开关；②更换标识清晰的遥控器	
	问题照片	标准照片
7	走台变形、杂物堆积	

序号	检查要点	
7	问题照片	标准照片
	走台爬梯或栏杆发生断裂	
	检查要点：①走台是否变形；②走台是否整洁、无杂物；③走台爬梯或栏杆是否断裂、缺失，高度是否满足规范要求。 **安全风险**：存在人员坠落风险。 **处置建议**：通道平台一般宽度不小于50cm,侧面应设置栏杆,栏杆高度不小于110cm,拐角处应设有竖杆,栏杆底部应设置踢脚板	
8	问题照片	标准照片
	电气元器件缺防护罩	
	检查要点：电气元器件缺防护罩。 **安全风险**：防护罩缺失时，灰尘将进入电气元器件，易导致接触器粘连失效。 **处置建议**：设置防护罩	

2.2.3 通用门式起重机

通用门式起重机总图如图 2-2 所示。通用门式起重机检查要点见表 2-3。

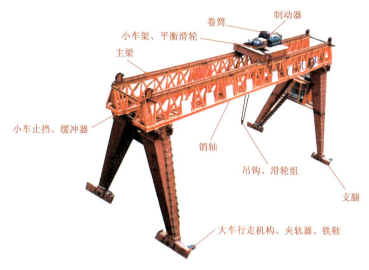

图 2-2 通用门式起重机总图

通用门式起重机检查要点　　　　　　　　　　　　　　　　　　　　　表 2-3

序号	检查要点
	问题照片
1	 起重机主要受力构件存在变形、焊缝开裂、腐蚀情况

续上表

序号	检查要点
1	**检查要点**：主要受力构件是否存在变形、焊缝开裂、腐蚀情况。 **安全风险**：设备失稳，易发生吊物坠落、设备倾覆事故。 **处置建议**：变形或发生裂纹时如修复能使其达到设计要求，则进行修复；反之，应报废。1级焊缝返修后应进行无损检测，出具检测报告，焊工应具有特种设备结构焊证书
2	问题照片 / 标准照片 门机支腿连接构件变形 **检查要点**：门机支腿连接构件是否变形。 **安全风险**：降低设备承载力，易发生设备结构断裂、设备倾覆。 **处置建议**：修复
3	问题照片 / 标准照片

续上表

序号	检查要点	
	问题照片	标准照片
3	起重机改造安装	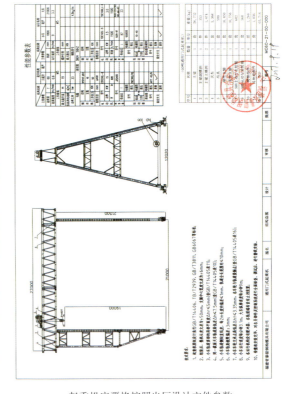起重机应严格按照出厂设计文件参数和要求进行安装（设计图示例）

检查要点：核查产品合格证、实物是否与型式试验报告中的型号相符。

安全风险：改变了主要参数，降低设备的承载能力，易导致设备超载、倾覆等事故。

处置建议：可拼装结构的起重机，移装时的参数（如跨度）与首装时可能不一致，应在出厂设计中明确为可变参数（跨度）的起重机，并在出厂合格证中体现，避免移装后不符合相关规定，影响监督检验。如涉及改造，则应由具备相应资质的单位进行改造，并提供相关材料

续上表

序号	检查要点	
	问题照片	标准照片
4	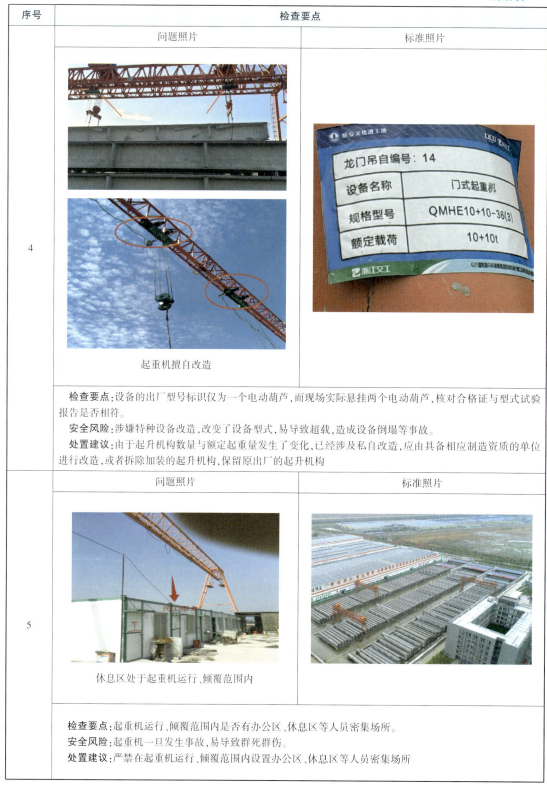 起重机擅自改造	
	检查要点：设备的出厂型号标识仅为一个电动葫芦，而现场实际悬挂两个电动葫芦，核对合格证与型式试验报告是否相符。 **安全风险**：涉嫌特种设备改造，改变了设备型式，易导致超载，造成设备倒塌等事故。 **处置建议**：由于起升机构数量与额定起重量发生了变化，已经涉及私自改造，应由具备相应制造资质的单位进行改造，或者拆除加装的起升机构，保留原出厂的起升机构	
	问题照片	标准照片
5	休息区处于起重机运行、倾覆范围内	
	检查要点：起重机运行、倾覆范围内是否有办公区、休息区等人员密集场所。 **安全风险**：起重机一旦发生事故，易导致群死群伤。 **处置建议**：严禁在起重机运行、倾覆范围内设置办公区、休息区等人员密集场所	

2 特种（专用）设备检查要点

续上表

序号	检查要点	
	问题照片	标准照片
6	绳端固定压板失效	

检查要点：绳端固定压板是否少于2个（电动葫芦卷筒不少于3个）。
安全风险：绳头固定不牢固，钢丝绳易脱落。
处置建议：安装压板，并不少于规定数量

续上表

序号	检查要点	
7	问题照片	标准照片
	 卷筒排绳混乱	
	检查要点：卷筒排绳是否混乱。 **安全风险**：乱绳时易造成钢丝绳磨损，严重时可能被拉断。 **处置建议**：重新排绳	
8	问题照片	标准照片
	 行程限位安全尺变形 	
	行程限位器损坏	

2 特种（专用）设备检查要点

续上表

序号	检查要点	
	问题照片	标准照片
8	行程限位器失效 行程限位器与限位安全尺接触不良	

检查要点：①行程限位安全尺是否变形；②是否设置行程限位器；③行程限位器是否失效；④行程限位器与限位安全尺是否接触良好。

安全风险：易与端部止挡或相邻设备发生碰撞。

处置建议：安装限位开关、限位安全尺（反光板），且两者之间位置相对应

序号	检查要点	
	问题照片	标准照片
9	 扫轨板、缓冲器缺失  缓冲器破损	

检查要点：①是否缺少扫轨板或扫轨板离轨面距离过大；②是否缺少缓冲器，或缓冲器破损。
安全风险：①无法及时清除轨面上的异物，存在发生脱轨的风险；②缓冲器缺失易造成设备与止挡或相邻设备发生刚性碰撞。
处置建议：设置扫轨板（一般离轨面不大于10mm）、缓冲器。破损的缓冲器应更换

续上表

序号	检查要点	
	问题照片	标准照片
10	  夹轨器损坏  夹轨器电气联锁装置失效	  

续上表

序号	检查要点	
	问题照片	标准照片
10	液压夹轨器失效	

检查要点：①是否设置夹轨器，或夹轨器是否损坏；②夹轨器固定装置是否缺失、是否有效；③电气联锁装置是否有效，夹轨器夹紧之后，设备是否能自动断电；④液压夹轨器是否漏油，是否能自动夹紧。
安全风险：不能有效防风，恶劣天气时门机可能被吹走甚至倾覆。
处置建议：安装、修复，并确保与轨道有效连接

序号	问题照片	标准照片
11	铁鞋与轨道未对齐	电力液压推动器／制动铁鞋／电动铁鞋：只有在司机操作门式起重机大车行走时铁鞋提起，其余均为制动状态

续上表

序号	检查要点	
	问题照片	标准照片
11	铁鞋与轨道之间存在空隙	
	检查要点：①铁鞋是否与轨道对齐或与轨道之间存在空隙，能否提供足够的摩擦力；②铁鞋在停机状态下是否会自动夹紧。 安全风险：不能有效防风，恶劣天气时门机可能被吹走甚至倾覆。 处置建议：安装并调整铁鞋与轨道的相对位置，保证铁鞋与轨道之间的摩擦力能够满足设计要求	
	问题照片	标准照片
12		

序号	检查要点	
	问题照片	标准照片
12	轨道接头间隙、高低差、侧向错位超标	
	检查要点：①轨道接头间隙、高低差、侧向错位是否超标；②各段轨道规格是否统一，是否存在大小尺寸混用的情况。 **安全风险**：轨道与车轮振动过大，易造成车轮损坏、啃轨、脱轨。 **处置建议**：一般宜选用新轨道，轨道的型号规格应与原厂设计一致。轨道接头高低差及侧向错位不大于1mm，接头处间隙不大于2mm，且满足《起重设备安装工程施工及验收规范》(GB 50278—2010)的要求	
	问题照片	标准照片
13		

序号	检查要点	
	问题照片	标准照片
13	轨道压板未压实,螺栓松动 轨道上堆积障碍物	
	检查要点:①轨道压板是否压实,螺栓是否松动;②轨道上是否堆积障碍物。 **安全风险**:存在设备爬轨、脱轨的风险。 **处置建议**:大车轨道接头压板应压实,螺栓拧紧;轨道上不得有影响运行安全的异物、杂物,若有,则应及时清除	
	问题照片	标准照片
14	轨道端部未设置止挡装置	

续上表

序号	检查要点	
	问题照片	标准照片
14	 止挡装置不牢固	
	检查要点：①轨道端部是否设置止挡；②止挡装置是否牢固。 安全风险：设备有冲出轨道的风险。 处置建议：设置牢固的止挡装置	
	问题照片	标准照片
15		

2 特种（专用）设备检查要点

续上表

序号	检查要点	
	问题照片	标准照片
15	大车车轮与轨道存在啃轨现象	
	检查要点：大车车轮与轨道是否存在啃轨现象，是否存在轨道边侧锃亮或有铁屑散落的情况。 **安全风险**：啃轨现象可能是轨道、车轮、起重机械结构等安装精度不够而导致，易发生设备爬轨、脱轨的风险。 **处置建议**：测量轨道相关尺寸、车轮垂直偏斜、水平偏斜等数据，以判断啃轨原因，并进行调整修复	
	问题照片	标准照片
16	车轮表面存在裂纹、点蚀、磨损	

47

续上表

序号	检查要点	
	问题照片	标准照片
16	 轮缘存在补焊  轮缘变形	

检查要点：①车轮表面是否存在裂纹、点蚀、磨损；②轮缘是否有磨损、补焊；轮缘是否变形。
安全风险：有脱轨、倾覆风险。
处置建议：①车轮中踏面厚度磨损达到原厚度的15%时应报废；②轮缘厚度磨损达原厚度的50%或轮缘弯曲变形达原厚度的20%时应报废

2 特种（专用）设备检查要点

续上表

序号	检查要点	
	问题照片	标准照片
17	  减速器漏油	
	检查要点：减速器是否漏油。 **安全风险**：易造成减速机齿轮损坏。 **处置建议**：更换密封圈、加注适量指定型号规格的齿轮油	
	问题照片	标准照片
18		

49

续上表

序号	检查要点	
	问题照片	标准照片
18	电机防护罩缺失	
	检查要点：电机防护罩是否缺失。 **安全风险**：易造成电机损坏。 **处置建议**：安装防护罩	
19	问题照片	
	门机支腿内积水	
	检查要点：门机支腿内是否积水严重。 **安全风险**：门机锈蚀，降低设备承载力，存在设备结构发生断裂、设备倾覆的风险。 **处置建议**：对积水区域采取封闭或者排水措施	

2 特种（专用）设备检查要点

续上表

序号	检查要点	
	问题照片	标准照片
20	检修爬梯处未设置护圈	
	检查要点：检修爬梯处是否设置护圈。 **安全风险**：人员攀爬过程中缺少安全防护，易发生人员高处坠落事故。 **处置建议**：高度大于2m的直梯或角度大于75°的斜梯应设置护圈	
	问题照片	标准照片
21	风速仪损坏	
	检查要点：是否设置风速仪或风速仪是否失效。 **安全风险**：缺失风速测量功能，易因风速过大造成起重伤害事故。 **处置建议**：修复或更换风速仪	

续上表

序号	检查要点	
	问题照片	标准照片
22	休息平台底板缺失	
	检查要点:休息平台底板缺失。 **安全风险**:易造成人员伤害。 **处置建议**:加装底板	
	问题照片	标准照片
23	入口门连锁电气开关缺失	
	检查要点:入口门连锁电气开关是否缺失或者失效。 **安全风险**:起重机运行时人员出入易发生坠落事故。 **处置建议**:安装或修复	

2.2.4 履带起重机

履带起重机总图如图 2-3。履带起重机检查要点见表 2-4。

图 2-3 履带起重机总图

履带起重机检查要点 表 2-4

序号	检查要点
	问题照片
1	起重臂弦腹杆变形　　　　　起重臂弦腹杆断裂
	检查要点：起重臂弦腹杆是否变形、断裂。 **安全风险**：承载力不足,有大臂折断的风险。 **处置建议**：更换起重机械主要受力结构件属于重大修理,应由具备相应资质的单位进行维修,并向特种设备监管单位、检验机构告知,申报监督检验。

续上表

序号	检查要点
2	问题照片 大臂连接处变形 **检查要点**:大臂连接处是否变形。 **安全风险**:连接不可靠,易发生大臂折断事故。 **处置建议**:更换
3	问题照片 标准照片 液压系统漏油 **检查要点**:液压系统是否漏油。 **安全风险**:液压系统承载能力下降,起重能力不足。 **处置建议**:修复

2 特种(专用)设备检查要点

续上表

序号	检查要点	
	问题照片	标准照片
4	基础不水平,且承载力不满足要求	
	检查要点:基础是否水平,承载力是否满足要求。 **安全风险**:吊装作业时易发生设备倾覆。 **处置建议**:加固和平整基础,使其满足说明书要求	
	问题照片	标准照片
5	力矩限制器失效,显示不准确	

序号	检查要点	
	问题照片	标准照片
5	安全监控管理系统失效	
	检查要点：①力矩限制器是否失效或显示不准确；②安全监控管理系统是否失效，或数据显示不准确。 **安全风险**：超力矩起吊时无法报警，停止设备运转，易发生设备倾覆事故。 **处置建议**：安装力矩限制器并做好调试，起重物达到额定力矩的95%时应能及时报警，超载时自动停止向危险方向动作。额定起重量超过200t的履带起重机应安装监控系统	
	问题照片	标准照片
6	幅度限位器失效	

2 特种（专用）设备检查要点

续上表

序号	检查要点	
	问题照片	标准照片
6	 未设置防后倾装置	
	检查要点：①幅度限位器是否失效；②是否设置防后倾装置。 **安全风险**：吊臂超过相应幅度有发生设备倾覆的风险。 **处置建议**：①修复、调试幅度限位器；②设置大臂防后倾机械保护装置	
	问题照片	标准照片
7	 配重块未安装销轴	
	检查要点：配重块是否安装销轴并固定牢固。 **安全风险**：履带起重机运行过程中易掉落配重块，造成履带起重机倾覆。 **处置建议**：加装销轴	

续上表

序号	检查要点	
	问题照片	标准照片
8	钢丝绳卷筒观察镜面缺失	
	检查要点：钢丝绳卷筒观察镜面是否缺失。 **安全风险**：司机在起重作业时，不能观察钢丝绳卷筒情况，易发生起重伤害事故。 **处置建议**：安装镜面	
9	标准照片	
	检查要点：警示灯光是否失效或缺失。 **安全风险**：无法对作业半径内作业人员起警示作用。 **处置建议**：修复或更换	

续上表

序号	检查要点	
	问题照片	标准照片
10	走道护栏缺失	
	检查要点：走道护栏是否缺失。 **安全风险**：易发生人员高处坠落事故。 **处置建议**：修复	

2.2.5 普通塔式起重机

普通塔式起重机总图如图 2-4 所示。普通塔式起重机检查要点见表 2-5。

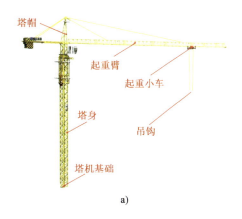

a)

图 2-4

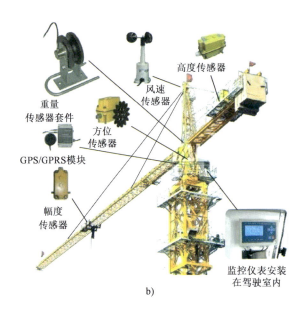

b)

图 2-4 普通塔式起重机总图

普通塔式起重机检查要点 表 2-5

序号	检查要点
1	问题照片 大臂弦腹杆发生变形 **检查要点**：大臂弦腹杆是否变形。 **安全风险**：承载力下降，有大臂折断的风险。 **处置建议**：如修复不能使其达到原设计强度时，应报废

序号	检查要点
2	问题照片
	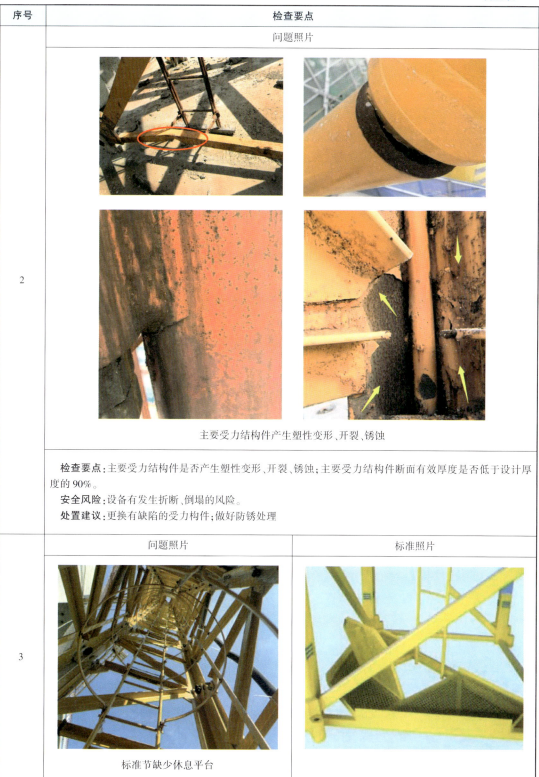
	主要受力结构件产生塑性变形、开裂、锈蚀
	检查要点：主要受力结构件是否产生塑性变形、开裂、锈蚀；主要受力结构件断面有效厚度是否低于设计厚度的90%。 **安全风险**：设备有发生折断、倒塌的风险。 **处置建议**：更换有缺陷的受力构件；做好防锈处理
3	问题照片 / 标准照片
	标准节缺少休息平台

续上表

序号	检查要点
3	**检查要点**：标准节是否缺少休息平台。 **安全风险**：人员有因疲劳坠落的风险。 **处置建议**：标准节设置休息平台，第一层休息平台高度不大于12.5m，其他休息平台间隔不大于10m
4	<table><tr><td>问题照片</td><td>标准照片</td></tr><tr><td> 塔柱节间连接螺栓松动  螺牙未露出2~3丝</td><td></td></tr></table>**检查要点**：①塔柱节间连接螺栓是否松动；②螺牙是否露出2~3丝。 **安全风险**：易发生设备倾覆事故。 **处置建议**：定期检查塔柱连接处，紧固螺栓，并设置防松措施

2 特种（专用）设备检查要点

续上表

序号	检查要点	
	问题照片	标准照片
5	未设置回转限位 回转限位失效	
	检查要点：①是否设置回转限位；②回转限位是否有效；③回转限位的齿轮是否缺失。 **安全风险**：回转限位失效易造成电缆扭断。 **处置建议**：安装并进行试验	
	问题照片	标准照片
6	力矩限制器不符合要求	

续上表

序号	检查要点
6	检查要点:①是否设置力矩限制器;②力矩限制器调试是否符合要求并有效。 安全风险:超力矩起吊时无法及时报警并停止运转,易发生大臂折断、设备倾覆事故。 处置建议:安装并定期进行相应试验
7	问题照片 吊臂跨越高压线 检查要点:吊臂是否跨越高压线。 安全风险:易发生触电、起重伤害事故。 处置建议:吊臂不应跨越高压线,并保持安全距离;确需跨越的,应做好相应的安全措施
8	问题照片 / 标准照片 塔机基础不满足承载力要求

2 特种(专用)设备检查要点

续上表

序号	检查要点	
	问题照片	标准照片
8	 塔机基础存在积水,未设置防护措施	
	检查要点:①塔机基础是否满足承载力要求;②基础是否积水;③基础外围是否有设置防护措施。 **安全风险**:①易发生设备倾覆事故;②基础处于水中不便于检修,易锈蚀;③基础无防护,无关人员攀爬塔吊易发生高处坠落等事故。 **处置建议**:按照规范进行基础施工,并定期进行监测、排水。安装围护装置并上锁	
	问题照片	标准照片
9		

续上表

序号	检查要点	
	问题照片	标准照片
9	 断绳保护装置失效  钢丝绳防脱槽装置缺失  滑轮破损	 

续上表

序号	检查要点
9	**检查要点**：①断绳保护装置是否失效(如被捆绑)；②钢丝绳防脱槽装置是否缺失；③滑轮是否破损。 **安全风险**：①发生断绳时无法停止小车运行；②、③钢丝绳可能脱离滑轮而卡住或磨断滑轮轴。 **处置建议**：①设置断绳保护器并确保其可靠有效；②设置防脱槽装置；③更换滑轮
10	问题照片 / 标准照片 塔机顶升机构未安装安全销 **检查要点**：塔机顶升机构是否安装安全销。 **安全风险**：顶升时可能发生顶升装置脱落、塔吊倒塌事故。 **处置建议**：插销应固定防脱
11	问题照片 / 标准照片 配重块未连接固定，未标识配重质量

续上表

序号	检查要点
11	检查要点：配重块是否连接固定，是否标识配重质量。 安全风险：配重间易发生碰撞碎裂，未标识导致不能有效识别是否与说明书要求匹配。 处置建议：连接、标记
12	标准照片 检查要点：监控系统中各项数据是否准确。 安全风险：影响司机判断，易引起误操作，造成起重伤害事故。 处置建议：修复
13	问题照片 / 标准照片 司机室底板不牢固 司机室底板未铺设绝缘地板

2 特种（专用）设备检查要点

续上表

序号	检查要点
13	**检查要点**：司机室底板是否牢固、是否铺设绝缘地板。 **安全风险**：易发生高处坠落、触电事故。 **处置建议**：加固底板，铺设绝缘地板
14	<table><tr><th>问题照片</th><th>标准照片</th></tr><tr><td>挂篮变形</td><td></td></tr></table>**检查要点**：挂篮连接是否牢固可靠、是否变形。 **安全风险**：维保人员检修或攀爬时有跌落风险。 **处置建议**：修复
15	问题照片 高度限位未接线 **检查要点**：高度限位是否接线或有效。 **安全风险**：高度限位器失效，吊钩冲顶，严重时可能拉断钢丝绳。 **处置建议**：修复

续上表

序号	检查要点	
	问题照片	标准照片
16	航空障碍灯缺失	
	检查要点：航空障碍灯是否损坏或缺失。 **安全风险**：影响过往飞行器飞行安全。 **处置建议**：修复或安装	

2.2.6 架桥机

架桥机总图如图 2-5 所示。架桥机检查要点见表 2-6。

图 2-5　架桥机总图

2 特种（专用）设备检查要点

架桥机检查要点　　　表 2-6

序号	检查要点	
1	问题照片	
	主要受力构件焊缝开裂	
	检查要点：主要受力构件焊缝是否开裂。 **安全风险**：设备承载能力下降，存在设备折断、倾覆的风险。 **处置建议**：发生裂纹时，如修复能使其达到设计强度，则进行修复；反之，应报废。1 级焊缝返修后应进行无损检测，出具检测报告，焊工应具有特种设备结构焊证书	
2	问题照片	标准照片
	垫块层数过多	

续上表

序号	检查要点
2	**检查要点**:①垫块层数是否过多;②垫块材质是否满足承载需求。 **安全风险**:基础不稳,有发生倾覆风险。 **处置建议**:枕木应垫实,轨道梁与地面应固定有效、可靠;垫块层数宜少于4层;建议使用钢砂筒作为垫块
	问题照片
3	   支腿与主梁连接螺栓缺失、松动
	检查要点:支腿与主梁连接螺栓是否缺失、松动。 **安全风险**:连接不可靠,易发生脱落、倾覆事故。 **处置建议**:按设计文件要求进行连接、紧固

2 特种（专用）设备检查要点

续上表

序号	检查要点
4	问题照片 液压系统漏油 **检查要点**：液压系统是否漏油。 **安全风险**：降低承载能力，设备过孔时有发生倾覆的风险。 **处置建议**：修复
5	问题照片 ／ 标准照片 支腿枕木腐烂、破损

73

续上表

序号	检查要点	
5	问题照片	标准照片
	 吊装作业时,插销未按要求连接固定	
	检查要点:①支腿是否垫实、枕木是否有腐烂和破损;②吊装作业时,插销是否按要求连接固定。 **安全风险**:基础不稳,有发生倾覆风险。 **处置建议**:枕木应垫实,垫块层数宜少于4层;每次吊装作业前应进行全面检查,并插上插销	
6	问题照片	
	吊具开裂	
	吊具横梁连接处轴端挡板损坏	

2 特种（专用）设备检查要点

续上表

序号	检查要点
6	**检查要点**：①吊具是否开裂；②吊具横梁连接处轴端挡板是否损坏。 **安全风险**：起吊时吊具横梁可能折断或吊具脱落，易发生吊物坠落事故。 **处置建议**：吊具开裂后应报废；轴端挡板重新固定
7	问题照片　　　　　　　　　标准照片 监控设备失效 监控区域设置不符合要求 **检查要点**：①显示设备是否能正常显示，显示的运行参数是否与实际相符，运行参数是否可导出；②视频监控区域是否符合要求。 **安全风险**：安全监控管理系统失效，未能及时预警，易发生起重伤害、设备倾覆等事故。 **处置建议**：安装安全监控管理系统，并满足现行《起重机械安全监控管理系统》(GB/T 28264)的要求
8	问题照片　　　　　　　　　标准照片 未设置止挡

75

续上表

序号	检查要点	
8	问题照片 限位器损坏	标准照片
	检查要点：①是否设置止挡、限位安全尺和限位开关等安全限装置；②限位器是否灵敏可靠。 **安全风险**：易脱离轨道，发生设备倾覆事故。 **处置建议**：安装止挡，设置限位开关、限位安全尺（反光板）且两者之间位置相对应	
9	问题照片 急停开关损坏	标准照片
	检查要点：①急停开关是否有效；②急停开关是否缺少非自动复位功能。 **安全风险**：紧急情况时无法及时切断设备总电源，或急停开关复位后设备可能会继续运转，易造成起重伤害事故。 **处置建议**：安装双稳态、不可自动复位的急停开关	

2.2.7 施工升降机

施工升降机总图如图2-6所示。施工升降机检查要点见表2-7。

图2-6 施工升降机总图

施工升降机检查要点　　　　　　　　　　　　　　　　　　　　　　表2-7

序号	检查要点	
	问题照片	标准照片
1	未设置层门	

续上表

序号	检查要点	
	问题照片	标准照片
1	 吊笼门框外缘与登机平台间隙过大 吊笼与侧面防护栏杆间隙过大	

检查要点：①是否设置层门；②吊笼门框外缘与登机平台、吊笼与侧面防护栏杆间隙是否满足要求。
安全风险：有人员跌落风险。
处置建议：①安装层门；②吊笼门框外缘与登机平台边缘之间的水平距离不应大于50mm，吊笼门框外缘与侧面防护栏杆间隙不大于150mm

2 特种（专用）设备检查要点

续上表

序号	检查要点	
	问题照片	标准照片
2	围栏门、进出料门机械联锁和电气联锁失效	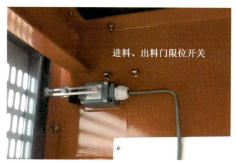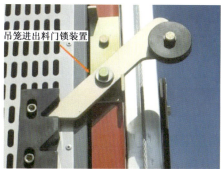

续上表

序号	检查要点
2	**检查要点**：围栏门、进出料门机械联锁和电气联锁是否失效。 **安全风险**：围栏门机械联锁失效时，人员可以在电梯运行时进入吊笼底部，易造成伤害；进出料门电气联锁失效时，易造成人员高处坠落。 **处置建议**：安装机械联锁和电气联锁，吊笼离开后，围栏门和进料门不能打开，出料门打开后设备停止运行

序号	问题照片	标准照片
3	 电机尾部制动器的释放拉手螺母未松开	

检查要点：是否所有电机尾部制动器的释放拉手螺母都已松开。
安全风险：仅靠部分制动器起作用，易造成制动力矩不足，引发吊笼下滑或下坠事故。
处置建议：拧松螺母，使所有拉手螺母处于松动状态

2 特种（专用）设备检查要点

续上表

序号	检查要点	
	问题照片	标准照片
4	 导轨安全钩缺失	
	检查要点：导轨安全钩是否缺失、反滚轮是否卡阻。 **安全风险**：吊笼有脱落风险。 **处置建议**：安全钩不应小于 4 个；使反滚轮滚动灵活，无卡阻	
5	问题照片	
	导轨架上部分齿条固定螺栓松动	
	检查要点：导轨架上部分齿条的固定螺栓松动。 **安全风险**：齿轮齿条加速磨损，笼体抖动，运行不稳定。 **处置建议**：紧固齿条螺栓	

续上表

序号	检查要点	
	问题照片	标准照片
6	 防坠器检定时间过期	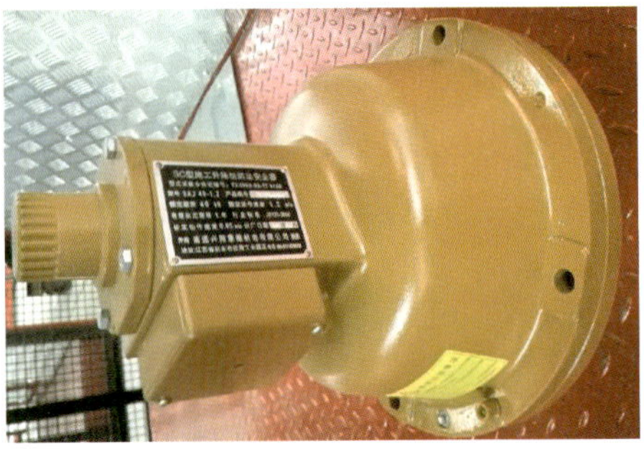 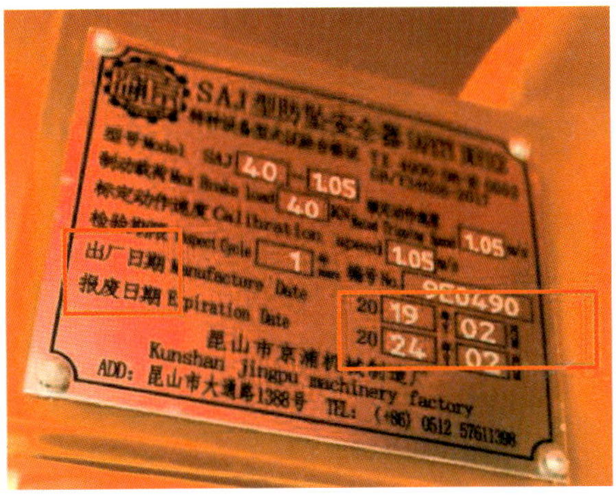

检查要点：①防坠器是否有效；②防坠器检定时间是否超过1年有效期，出厂时间是否超过5年；③防坠器是否有异响。
安全风险：吊笼坠落时无法及时停止。
处置建议：防坠器每3个月开展一次坠落试验，每年校验一次，出厂时间超过5年应报废

序号	问题照片	标准照片
7	 限位开关失效	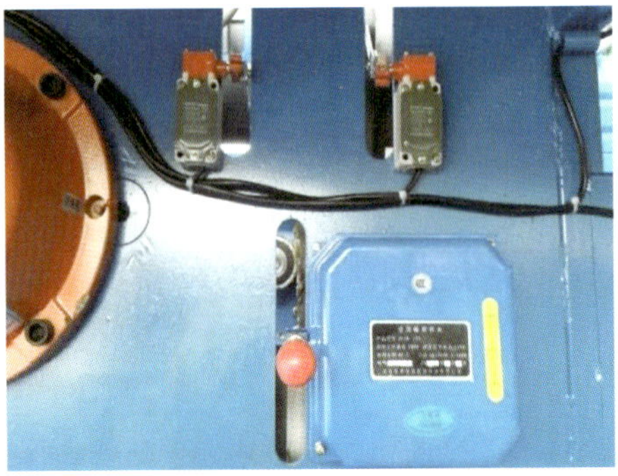

续上表

序号	检查要点	
	问题照片	标准照片
7	未设置极限开关碰块	

检查要点：①上限位、下限位、极限限位开关是否有效；②是否设置极限开关碰块，是否预留越程距离。
安全风险：设备有冲顶脱轨风险。
处置建议：安装限位开关和碰块，并确保可靠有效；极限限位应预留足够越程距离

序号	问题照片	标准照片
8	电气联锁装置失效	

检查要点：吊笼顶出入口(天窗)电气联锁装置是否有效。
安全风险：检修作业时，吊笼运行可能造成人员伤害。
处置建议：修复或更换

序号	检查要点
9	问题照片 滑触线顶部接头位置存在缺口 **检查要点**：滑触线顶部接头位置是否存在缺口。 **安全风险**：雨水或灰尘进入易导致跳电等电气故障。 **处置建议**：封闭接头处缺口
10	问题照片 自由端高度超出使用说明书要求 **检查要点**：自由端高度是否超出使用说明书要求。 **安全风险**：存在标准节折断的风险。 **处置建议**：按使用说明书要求控制标准节自由端高度

2.2.8 叉车

叉车总图如图 2-7 所示。叉车检查要点见表 2-8。

图 2-7 叉车总图

叉车检查要点 表 2-8

序号	检查要点
1	问题照片 货叉磨损 **检查要点**：①货叉磨损量是否超过原尺寸 10%；②是否私自接长货叉。 **安全风险**：承载力下降，货叉有折断风险。 **处置建议**：更换新的货叉
2	问题照片　　　　　　　　　标准照片 未设置挡货架

序号	检查要点	
	问题照片	标准照片
2	挡货架变形	
	检查要点:①是否有设置挡货架;②挡货架是否变形。 **安全风险**:易造成挡货架解体,失去对门架和油缸保护作用。 **处置建议**:安装、修复	
	问题照片	
3	挡货架两侧连接螺栓缺失	
	检查要点:挡货架两侧连接螺栓是否缺失。 **安全风险**:易造成挡货架解体,失去对门架和油缸保护作用。 **处置建议**:安装缺失螺栓并紧固	

2 特种(专用)设备检查要点

续上表

序号	检查要点	
	问题照片	标准照片
4	安全带缺失	
	检查要点:安全带是否缺失。 **安全风险**:发生事故时,司机本能跳车易造成人员伤亡。 **处置建议**:设置安全带	
	问题照片	标准照片
5	防护架缺失	
	检查要点:防护架是否缺失。 **安全风险**:发生侧翻等事故时,易造成人员伤害。 **处置建议**:修复	

续上表

序号	检查要点	
	问题照片	标准照片
6	轮胎磨损严重	
	检查要点：轮胎是否磨损严重。 **安全风险**：无法及时制动或发生侧翻。 **处置建议**：更换轮胎	
	问题照片	标准照片
7	链条脱落	
	检查要点：链条端部螺栓是否失效。 **安全风险**：易发生链条脱落。 **处置建议**：加大日常检查力度，及时紧固螺栓	

2 特种（专用）设备检查要点

续上表

序号	检查要点
	问题照片
8	车灯失效
	检查要点：转向灯、制动灯、倒车灯、大灯是否失效。 **安全风险**：夜间行驶无足够光照、警示，易发生行车事故。 **处置建议**：修复或更换

2.2.9 固定式压力容器检查要点

固定式压力容器总图如图 2-8 所示。固定式压力容器检查要点见表 2-9。

图 2-8　固定式压力容器总图

固定式压力容器检查要点

表 2-9

序号	检查要点	
	问题照片	标准照片
1	未悬挂校验铭牌	
	检查要点：①是否已设置安全阀；②安全阀检定时间是否超期（12 个月有效期）；③是否悬挂校验铭牌。 安全风险：超压时无法及时泄压，易发生爆炸事故。 处置建议：安装安全阀，并及时进行校验，确保校验时间不超过 1 年；悬挂校验铭牌	
	问题照片	标准照片
2	压力表未及时检定	
	检查要点：①是否有设置压力表，或压力表显示是否准确；②压力表是否及时检定。 安全风险：无法有效识别储气罐真实压力。 处置建议：设置有效的压力表，每半年对压力表进行校准或检定	

续上表

序号	检查要点	
	问题照片	标准照片
3	  现场杂乱	

检查要点：①设备是否固定牢固；②现场是否整洁、干净。
安全风险：储气罐易翻倒；周围及通道堆积杂物，影响人员出入检查、维修。
处置建议：设备固定牢固；清除杂物，保持设备使用场所通行通畅、干燥、整洁

2.3 专用设备检查要点

2.3.1 汽车起重机

汽车起重机总图如图 2-9 所示。汽车起重机检查要点见表 2-10。

图 2-9　汽车起重机总图

汽车起重机检查要点　　　　　　　　　　　　　　　　　　　　　　表 2-10

序号	检查要点	
	问题照片	标准照片
1	支腿油缸漏油 支腿油缸底座防脱装置不规范	

2 特种(专用)设备检查要点

续上表

序号	检查要点	
	问题照片	标准照片
1	支腿底座损坏	
	检查要点:①支腿油缸是否漏油;②支腿油缸底座防脱装置是否缺失或不规范;③支腿底座是否损坏。 **安全风险**:起吊时易发生软腿现象,有倾翻风险。 **处置建议**:①更换密封圈或油缸;②规范设置支腿底托防脱装置;③修复或更换	
	问题照片	标准照片
2	软基地面作业未设置支腿垫块 支腿垫块承载力不足	

93

序号	检查要点	
2	**检查要点**：①在软基地面作业时未设置支腿垫块；②支腿垫块承载力不足。 **安全风险**：起吊受力时易发生沉降、侧翻。 **处置建议**：支腿底部铺设枕木、钢板等垫块，且满足承载力要求	
3	问题照片	标准照片
3	三圈保护器损坏	
3	**检查要点**：三圈保护器是否损坏。 **安全风险**：易导致钢丝绳过卷断绳。 **处置建议**：修复	
4	问题照片	标准照片

续上表

序号	检查要点	
4	问题照片	标准照片
	力矩限制器和起重臂长度传感器失效	
	检查要点：力矩限制器是否失效；起重臂长度传感器是否失效。 安全风险：力矩限制器失效，超载时无法及时停止向危险方向动作，易发生设备倾覆；起重臂长度传感器未接线易导致高度限位器和力矩限制器失效。 处置建议：修复	
5	问题照片	标准照片
		正确做法

续上表

序号	检查要点	
	问题照片	标准照片
5	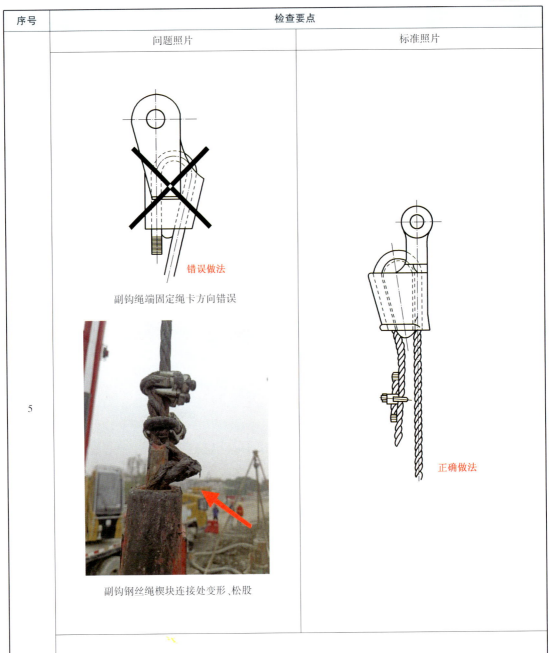 错误做法 副钩绳端固定绳卡方向错误 副钩钢丝绳楔块连接处变形、松股	正确做法

检查要点：①副钩绳端固定绳卡方向是否错误；②副钩钢丝绳楔块连接处是否变形、松股。
安全风险：①长绳侧钢丝绳承受载荷，长绳易被U形侧压损；②钢丝绳绳头固定不规范，钢丝绳易脱出。
处置建议：①调整绳卡方向；长绳侧应保持垂直状态；为了防止短绳头松开，可对短绳头进行捆扎或用一个绳卡捆扎，如标准照片所示。由于是楔形固定与受力，不建议对钢丝绳端部用多个绳卡再进行固定。②对变形处钢丝绳进行截绳后重新固定

2 特种(专用)设备检查要点

续上表

序号	检查要点	
6	问题照片	标准照片
	高度限位器未连接	
	检查要点:高度限位器是否设置或有效。 **安全风险**:高度限位器失效,吊钩冲顶,严重时可能拉断钢丝绳。 **处置建议**:设置高度限位器,保证接线完全好、重锤有效	
7	问题照片	标准照片
	水平仪失效	
	检查要点:水平仪是否失效。 **安全风险**:不能识别设备是否已调平,易造成设备倾覆。 **处置建议**:更换	

2.3.2 挂篮

挂篮总图如图 2-10 所示。挂篮检查要点见表 2-11。

图 2-10 挂篮总图

挂篮检查要点　　　　　　　　　　　　　　　　　　　表 2-11

序号	检查要点	
	问题照片	标准照片
1	吊杆开裂	

检查要点：①吊杆是否开裂；②吊杆受力是否均匀。
安全风险：强度降低，易拉断。
处置建议：①更换；②浇筑前进行检查、调整，确保吊杆受力基本一致。

续上表

序号	检查要点
2	问题照片

结构件变形、锈蚀

检查要点：①结构件是否变形、锈蚀；②主要受力结构件断面有效厚度是否低于设计厚度的90%。
安全风险：易发生坍塌或倾覆事故。
处置建议：修复或更换，修复之后应达到原设计强度，并经委托检测合格后投入使用；锈蚀达到原厚度的10%应报废

序号	问题照片	标准照片
3	 未采取双螺母等防松措施	

检查要点：①锚固螺栓是否松动；②螺栓是否采取双螺母等防松措施。
安全风险：连接不可靠，易发生设备坍塌。
处置建议：紧固螺栓，设置防松装置且达到设计的预紧力

序号	检查要点	
4	问题照片	标准照片
	走台存在空隙 走台栏杆是否缺失	
	检查要点：①走台是否存在空隙；②走台栏杆是否缺失、变形，是否设置踢脚板。 **安全风险**：易发生高空坠物、人员高处坠落事故。 **处置建议**：清除杂物，使用无缝隙脚手板，设置踢脚板；按规范设置平台栏杆	
5	问题照片	标准照片
	使用葫芦替代吊杆	
	检查要点：是否使用葫芦替代吊杆。 **安全风险**：易发生坍塌、倾覆事故。 **处置建议**：按规定设置吊杆	

2.3.3 桥面吊机

桥面吊机总图如图 2-11 所示。桥面吊机检查要点见表 2-12。

图 2-11　桥面吊机总图

桥面吊机检查要点　　　　　　　　　　　　　　　　　　　　　　表 2-12

序号	检查要点
	问题照片
1	 结构件开裂、锈蚀 **检查要点**：①结构件焊缝是否开裂；②结构件是否变形、锈蚀，主要受力结构件断面有效厚度是否低于设计厚度的 90%。 **安全风险**：承载能力下降，有折断、倾翻风险。 **处置建议**：发生裂纹时，如修复能使其达到设计要求，则进行修复，反之，应报废；1 级焊缝返修后应进行无损检测，出具检测报告，焊工应具有焊工证；主要受力结构件锈蚀达到原厚度 10% 应报废。

续上表

序号	检查要点
2	问题照片  连接螺栓数量不满足要求　　　　连接螺栓未紧固 **检查要点**：连接螺栓是否紧固，数量是否满足要求。 **安全风险**：连接不可靠，有倾翻风险。 **处置建议**：按设计文件和相关规范进行螺栓连接和扭紧；采取防松措施，如设置防松螺母、弹垫和平垫等
3	标准照片 **检查要点**：后锚中心距是否准确，锚点是否垂直。 **安全风险**：支承力不足，易发生设备倾覆。 **处置建议**：修复

2 特种（专用）设备检查要点

续上表

序号	检查要点	
	问题照片	标准照片
4	仪表失效	
	检查要点：仪表数显是否正常。 **安全风险**：无法有效识别设备工作状态，发出危险预警。 **处置建议**：修复或更换	
	问题照片	标准照片
5	锚腿销轴未设置止退装置	
	检查要点：锚腿销轴是否设置止退装置。 **安全风险**：连接不可靠，易发生设备倾覆。 **处置建议**：按设计文件设置止退装置	

序号	检查要点	
6	问题照片	标准照片
	 未采取双螺母防松措施	
	检查要点:机架立柱螺栓是否已连接牢固,是否采取防松措施。 **安全风险**:连接不可靠,易发生设备倾覆。 **处置建议**:按设计文件和相关规范进行螺栓连接和扭紧;采取防松措施,如设置防松螺母、弹垫和平垫等	
7	问题照片	标准照片
	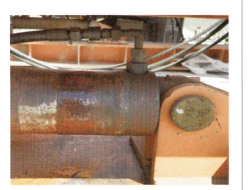 液压系统漏油	
	检查要点:液压系统是否漏油。 **安全风险**:液压支撑力不足,造成吊物坠落。 **处置建议**:更换密封圈或油缸	

2 特种（专用）设备检查要点

续上表

序号	检查要点	
	问题照片	标准照片
8	电缆破损 电缆未绝缘架空或未电缆保护线槽	
	检查要点：①电缆是否破损；②电缆是否绝缘架空；③过道电缆是否采取保护措施。 **安全风险**：易发生触电事故。 **处置建议**：更换电缆；对电缆进行架空或设置电缆保护线槽；	
	问题照片	标准照片
9	轨道卡滞不畅	
	检查要点：轨道是否平顺。 **安全风险**：易造成设备卡滞不畅。 **处置建议**：调整并润滑	

105

2.3.4 挖掘机

挖掘机总图如图 2-12 所示。挖掘机检查要点见表 2-13。

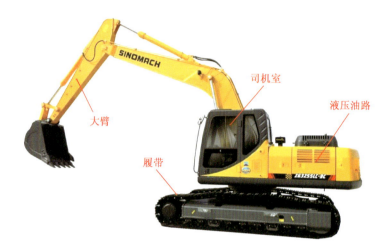

图 2-12 挖掘机总图

挖掘机检查要点　　　　　　　　　　表 2-13

序号	检查要点	
	问题照片	标准照片
1	履带磨损严重	
	检查要点：履带是否磨损严重。 安全风险：行走时履带有断裂风险。 处置建议：修理或更换。	

续上表

序号	检查要点
2	标准照片 
	检查要点：①司机室玻璃是否缺失；②驾驶室防护顶棚是否变形。 **安全风险**：不能有效保护司机。 **处置建议**：修复

序号	检查要点	
	问题照片	标准照片
3	 液压系统漏油	
	检查要点：液压系统是否漏油。 **安全风险**：液压回路承载力下降。 **处置建议**：修复	

2.3.5 装载机

装载机总图如图 2-13 所示。装载机检查要点见表 2-14。

图 2-13　装载机总图

装载机检查要点　　　　　　　　　　　　　　　　　　表 2-14

序号	检查要点
	问题照片
1	大臂结构塑性变形
	检查要点：①大臂结构是否塑性变形；②连接件是否松动。 安全风险：大臂折断，有设备侧翻风险。 处置建议：更换。

108

2 特种（专用）设备检查要点

续上表

序号	检查要点	
	问题照片	标准照片
2	轮胎磨损严重	
	检查要点：①轮胎是否破损；②轮胎花纹深度是否不足 1.6mm；③轮毂螺栓是否缺失。 **安全风险**：轮胎花纹深度不够，制动力不足；轮胎破裂、轮毂螺栓缺失易造车辆倾翻。 **处置建议**：更换	
	问题照片	标准照片
3	转向轴开裂、漏油	
	检查要点：①转向轴是否开裂；②转向油缸是否漏油。 **安全风险**：不能有效控制行驶方向。 **处置建议**：修复或更换	

续上表

序号	检查要点	
	问题照片	标准照片
4	车灯破损失效	
	检查要点：转向灯、制动灯、倒车灯、大灯是否失效。 安全风险：行驶期间或夜间无足够光照、警示，易发生行车事故。 处置建议：修复	

2.3.6 旋挖钻机

旋挖钻机总图如图 2-14 所示。旋挖钻机检查要点见表 2-15。

图 2-14 旋挖钻机总图

旋挖钻机检查要点 表 2-15

序号	检查要点	
	问题照片	标准照片
1	液压系统漏油	
	检查要点:液压系统是否漏油。 **安全风险**:支撑力不足,有倾翻风险。 **处置建议**:修复	
	问题照片	标准照片
2	监控系统显示器失效	
	检查要点:①监控系统显示器是否失效;②显示器显示参数是否准确。 **安全风险**:无法有效识别设备工作状态,不能及时发出危险预警。 **处置建议**:修复或更换	

续上表

序号	检查要点	
	问题照片	标准照片
3	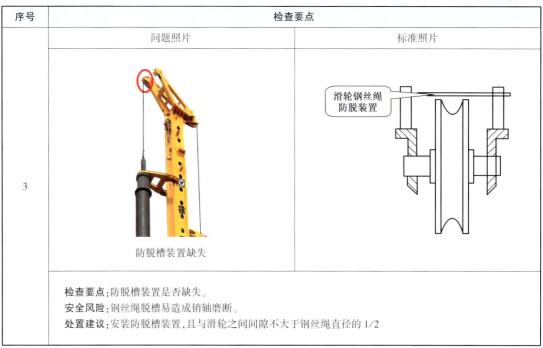 防脱槽装置缺失	

检查要点：防脱槽装置是否缺失。
安全风险：钢丝绳脱槽易造成销轴磨断。
处置建议：安装防脱槽装置，且与滑轮之间间隙不大于钢丝绳直径的1/2

3 吊装作业管理要求

高速公路建设安全管理手册

3.1 吊装作业管理基本规定

(1)吊装作业前,应对相关作业人员进行吊装作业方案交底(图3-1),配置指挥人员和管理人员,配备对讲机,统一指挥人员着装,核查吊装作业人员持证情况(图3-2)。

图3-1 吊装作业方案交底

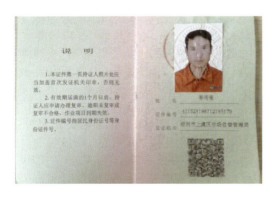 

图3-2 核查吊装作业人员持证情况

(2)起重机司机、起重机指挥人员等相关特种设备作业人员应具有相应的"特种设备作业人员证",并在有效期内。

(3)起重机应具有有效的检验合格报告、使用登记证书,安全设施齐全有效。

(4)采用非常规起重设备、方法且单件起吊重量在10kN及以上的起重吊装工程、采用起重机械进行安装的工程以及起重机械设备自身的安装、拆卸工程,应编制专项施工方案(图3-3),须经专家论证,监理审批。采用非常规起重设备、方法且单件起吊重量在100kN及以上的起重吊装工程,或起吊重量在300kN及以上的起重设备安装、拆卸工程,应编制专项施工方案,须经专家论证、监理审批、建设单位备案。

(5)建立大型吊装作业许可制,即大型构件吊装令(图3-4)制度。通过安全条件核查、桌面推演、"首吊、试吊"机制、顾问单位专业"探班"和"诊脉"等手段,预先消除安全风险,保证现场作业安全。

浙公路(JL)×××

××××××项目

专项施工方案审批单

施工单位:________________合同号:________________

监理单位:________________________________

编　　号:____________

致监理工程师: 现报上______工程的______专项施工方案,请予审核和批准。 附件:专项施工方案。 专家论证会议纪要(如有)。 技术负责人(签字、公章):　　年　月　日			
专家论证情况描述	是否需要专家论证	专家论证意见	专家论证意见的落实情况
	是	见附件	已按专家意见修改完善
相关各专业监理工程师审查意见: 专业监理工程师:　　年　月　日			
总监理工程师审批(核)意见: 总监理工程师(签字、公章):　　年　月　日			
建设单位审批意见: (签字、公章):　　年　月　日			

图3-3　吊装专项施工方案

吊装作业吊装令

一、工程概况			
工程名称		工程部位	
项目经理或副经理		技术负责人	
吊装部位		吊装时间	
吊装内容			
二、起重设备工况			
1. 设备名称型号		2. 吊点数量	
3. 允许荷载(共计)		4. 本次吊装重量	
5. 钢丝绳规格			
三、吊具检查			
1. 主销轴检查情况		2. 钢丝绳是否完好	
3. 螺栓紧固情况		4. 限位是否有效	
5. 吊装是否满足要求			
四、作业区情况			
1. 作业人员防护		2. 临边防护	
3. 持证上岗情况		4. 通信联络	
5. 天气情况		6. 应急措施	
五、各关键点人员安排			
总指挥:	操作员1:	操作员2:	
六、审批			
填表人		现场技术员	
现场安全员		安全负责人	
现场专监		安全专监	

年　　月　　日

图3-4　吊装令

(6)每天第一个构件吊装前,按照"首件"要求落实现场安全措施、设备技术状况、网格员到岗等情况的核查,经监理审批后方可开展吊装作业。

(7)钢丝绳吊索的安全系数不得小于6。

起重机械安全管理人员、操作人员(按设备品种选定持证项目)须取得特种设备作业人员证。作业人员证件类别代码见表3-1。

作业人员证件类别代码　　表3-1

特种设备安全管理	代码:A
起重机械指挥	代码:Q1
起重机司机*	代码:Q2
快开门式压力容器操作移动式	代码:R1
压力容器充装	代码:R2
叉车司机	代码:N1

续上表

工业锅炉司炉	代码:G1
电站锅炉司炉*	代码:G2

注:* 特种设备使用单位及人员进行设备保养不作资质证书要求。

3.2 特种设备证书

特种设备证书包括产品合格证、检验报告、检验合格证明和使用登记证等,如图3-5~图3-8所示。

图 3-5 产品合格证

图 3-6 检验报告

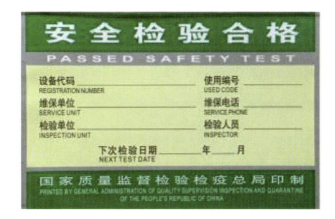

图 3-7 检验合格证明

3 吊装作业管理要求

图 3-8 使用登记证

3.3 常见重要零部件报废标准

吊钩报废标准见表 3-2。钢丝绳报废标准见表 3-3。吊装带报废标准见图 3-9。卸扣报废标准见表 3-4。

吊钩报废标准　　　　　　　　　　　　　　表 3-2

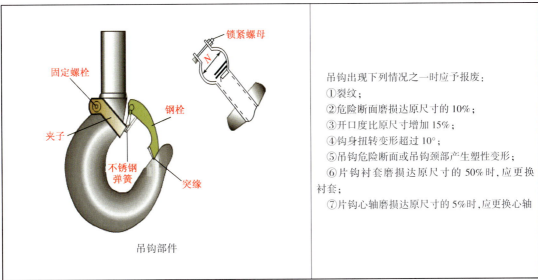

| 吊钩部件 | 吊钩出现下列情况之一时应予报废：
①裂纹；
②危险断面磨损达原尺寸的 10%；
③开口度比原尺寸增加 15%；
④钩身扭转变形超过 10°；
⑤吊钩危险断面或吊钩颈部产生塑性变形；
⑥片钩衬套磨损达原尺寸的 50% 时，应更换衬套；
⑦片钩心轴磨损达原尺寸的 5% 时，应更换心轴 |

注：吊钩上的裂纹或磨损不能焊补。

钢丝绳报废标准　　　　　　　　　　　　　　　　表 3-3

钢丝绳报废标准	按《起重机　钢丝绳　保养、维护、检验和报废》(GB/T 5972—2016)的规定执行。 对于局部缺陷,若截除掉缺陷部位后,不影响钢丝绳的使用长度及其他部分,可不报废整根钢丝绳。达到或超过报废标准的可见钢丝数见附录	
		缺陷:钢丝突出。 处理:报废
		缺陷:单层钢丝绳绳芯突出。 处理:报废
		缺陷:绳股凹陷、绳直径局部减少。 处理:若明显局部减小,报废
		缺陷:绳股突出或扭曲。 处理:报废
		缺陷:局部扁平。 处理:报废

续上表

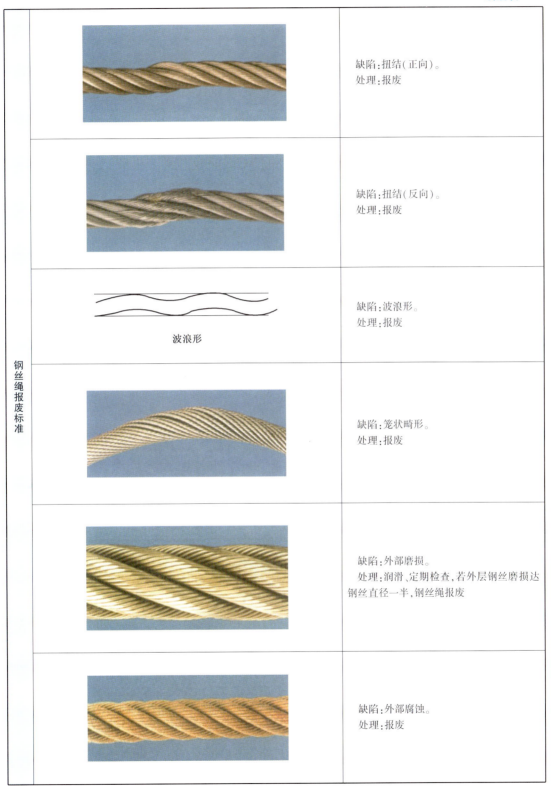

钢丝绳报废标准		缺陷:扭结(正向)。 处理:报废
		缺陷:扭结(反向)。 处理:报废
	波浪形	缺陷:波浪形。 处理:报废
		缺陷:笼状畸形。 处理:报废
		缺陷:外部磨损。 处理:润滑、定期检查,若外层钢丝磨损达钢丝直径一半,钢丝绳报废
		缺陷:外部腐蚀。 处理:报废

续上表

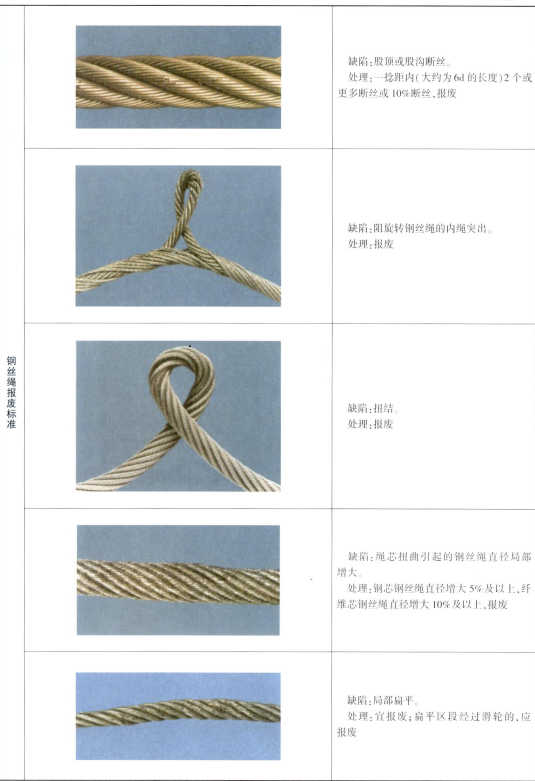

钢丝绳报废标准		缺陷:股顶或股沟断丝。 处理:一捻距内(大约为6d的长度)2个或更多断丝或10%断丝,报废
		缺陷:阻旋转钢丝绳的内绳突出。 处理:报废
		缺陷:扭结。 处理:报废
		缺陷:绳芯扭曲引起的钢丝绳直径局部增大。 处理:钢芯钢丝绳直径增大5%及以上,纤维芯钢丝绳直径增大10%及以上,报废
		缺陷:局部扁平。 处理:宜报废;扁平区段经过滑轮的,应报废

续上表

| 钢丝绳夹正确的布置方法 | 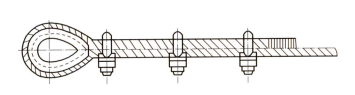 |

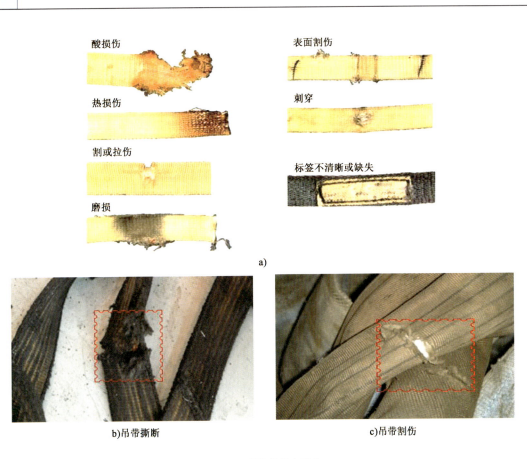

图 3-9　吊装带报废标准

卸扣报废标准　　　　　　　　表 3-4

卸扣是起重作业中最为广泛使用的连接工具,常常用来连接固定起重滑车(滑车组)、吊杯、钢丝绳等,有时也用作钢丝绳与钢丝绳之间的连接

续上表

卸扣标准照片	卸扣问题照片

卸扣报废标准：
①表面有裂纹；
②本体扭曲达10%；
③表面磨损达10%；
④横销不能闭锁；
⑤横销变形达原尺寸5%；
⑥螺栓坏死或滑牙

3.4 吊具检查

1) 卸扣使用要求(图3-10)

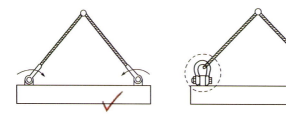

图3-10 卸扣使用要求示意

（1）卸扣要正确地支撑着荷载，即作用力要沿着卸扣中心线的轴线，避免弯曲、不稳定的荷载，更不可过载。

（2）销轴在承吊孔中应转动灵活，不允许有卡阻现象。

（3）卸扣本体不得承受横向弯矩作用，即作用承载力应在本体平面内。

2）卸扣与索具安装要求（图3-11）

（1）以卸扣承载的两腿索具间的最大夹角不能大于120°。

（2）卸扣在与钢丝绳索具配套作为捆绑索具使用时，卸扣的横销部分应与钢丝绳索具的索眼连接，避免在索具提升时，钢丝绳与卸扣发生摩擦使得卸扣转动，产生脱离的危险。

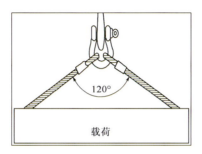

 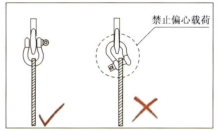

图3-11 卸扣与索具安装要求示意

3）卸扣检查（图3-12~图3-15）

图3-12 卸扣螺纹磨损是否超限　　图3-13 卸扣螺纹螺杆是否紧密连接、无滑丝

图 3-14　扣销轴是否被替换

图 3-15　是否使用原装正品销轴

4)吊装安全要求(表 3-5)

吊装安全要求　　　　　　　　　　　表 3-5

汽车起重机、履带起重机的作业、行走、停放场地要平坦坚实,与基坑、沟渠等保持安全距离	观察作业区域内是否有管线,塔吊作业半径内是否有阻碍物

受限空间内要做好设备停放、协同指挥等工作	作业区域实行"一人、一牌、一警"

续上表

 设备支腿全部打开，垫板下方铺设枕木，吊车轮胎完全离地约20cm	 吊车底盘支撑保持水平、稳定
 吊物有棱边时，应采取保护套、护角保护；起吊时两侧吊点间距要一致，避免单侧受力	 试吊离地约20cm，确认捆绑、吊具、吊点可靠
 有序缓慢下放吊物	 易倾斜构件设置支撑

5)"十不吊"规范作业要求(表3-6)

"十不吊"规范作业要求　　　　　　　　　　　　　　　　　　表3-6

隐患表现示图	"十不吊"规范作业要求
	信号指挥不明,不吊
	歪拉斜吊重物时,不吊
	吊物重量不明或超负荷,不吊

续上表

隐患表现示图	"十不吊"规范作业要求
	散物捆扎不牢或物料装放过满,不吊
	被吊物上有人或浮置物时,不吊
	吊物固定状态未消除、有附着物或埋在地下,不吊

续上表

隐患表现示图	"十不吊"规范作业要求
	安全装置失灵或带病,不吊
	现场光线阴暗,看不清吊物起落点,不吊
	被吊物棱角处与捆绑钢绳间未加衬垫时,不吊

续上表

隐患表现示图	"十不吊"规范作业要求
	六级以上强风,不吊

3.5 起重设备吊装作业安全管理

3.5.1 流动式起重机吊装作业

1)基本要求

(1)工作前必须检查各操作装置是否正常,钢丝绳是否符合安全规定,制动器、液压装置和安全装置是否齐全且灵敏可靠,严禁带病运行。

(2)应严格按起重机的起重量特性曲线图和起重量性能表实施作业。起吊重物不得超过规定的工作幅度和相应的额定起重量,严禁超载作业。

(3)不允许用起重机吊拔拉力不清的埋置物体,不准抽吊交错挤压的物品,冬季不能吊拔冻住的物体,斜拉和斜吊都容易造成倾翻。

(4)汽车起重机不允许吊着载荷行走。履带起重机和轮胎起重机一定要在允许的起重量范围内吊重行走,其所通过的路面需平整坚实,行走速度应缓慢均匀,根据道路情况要及时换挡,不得紧急制动和急转向,避免吊重物摆动。同时,吊臂应置于行驶方向的前方。

(5)起重臂长度较大的履带起重机行走时,起重臂仰角应限于30°~70°范围内。

(6)应避免升降、变幅、行走与回转等动作的复合操作。

①吊装警戒区域设置需覆盖设备作业投影面,涉路施工需进行涉路警戒作业。

②司机应服从现场指挥,指挥信号不清时严禁作业。

③起重机在运行时,严禁无关人员进入驾驶室和上下起重机。

④通行道路、作业场地应平整坚实,汽车起重机吊装前支腿应全部打开,并应按要求铺设垫木,作业区内应有足够的空间。

⑤在起吊较重物件时,应先将重物吊离地面10cm左右,检查起重机的稳定性和制动器等是否灵活和有效,在确认正常的情况下方可继续工作。

⑥吊装构件时需设置牵引绳等牵引物品。

⑦双机抬吊宜选用同类型或性能相近的起重机,负载分配应合理,单机载荷不得超过额定起重量的80%。两机应协调起吊和就位,起吊速度应平稳缓慢,抬吊时确保专人指挥,协同作业。

⑧作业人员严禁在已吊起的构件下或起重臂下旋转范围内作业或通行。

2)现场照片

(1)区域警戒(图3-16)

a)

b)

c)

d)

图3-16 区域警戒

(2)吊装作业展示(图 3-17)

图 3-17　吊装作业展示

3.5.2　桥式/门式起重机吊装作业

1)基本要求

(1)起重操作人员和指挥人员必须经行政主管部门考核合格,取得相应的特种设备操作人员证书,方可上岗;起重机械司索作业人员、起重机械地面操作人员和遥控操作人员,可以不持"特种设备作业人员证",但须经使用单位培训合格后,方可上岗。

(2)起重机路基和轨道的铺设应符合出厂规定,轨道接地电阻不应大于 4Ω。

(3)使用电缆的门式起重机,应设有电缆卷筒,配电箱应设置在轨道中部,运行距离大于电缆长度时,应设置电缆卷筒极限开关;用滑线供电的起重机,应在滑线两端标有鲜明的颜色,滑线应设置防护栏杆。

(4)轨道应平直,鱼尾板连接螺栓应无松动,轨道和起重机运行范围内应无障碍物。

(5)起重机作业前应对机械结构外观、钢丝绳外表情况、安全限位装置进行重点检查项目。

(6)操作室内应垫木板或绝缘板,接通电源后应采用试电笔测试金属结构部分,确认无漏电后方可上机,上、下操纵室应使用专用扶梯。

(7)作业前,应进行空载运转,在确认各机构运转正常、制动可靠、各限位开关灵敏有效后,方可作业。

(8)开动前,应先发出音响信号示意,重物提升和下降操作应平稳匀速,在提升大件物品时不得快速,并应拴牵引绳防止摆动。

(9)吊运易燃、易爆、有害等危险品时,应经安全主管部门批准,并应有相应的安全措施。

(10)重物的吊运路线严禁从人上方通过,也不得从设备上面通过,空车行走时,吊钩应离地面2m以上。

(11)吊起重物后应慢速行驶,行驶中不得突然变速或倒退。两台起重机同时作业时,应保持距离3~5m。严禁用一台起重机顶推另一台起重机。

(12)起重机行走时,两侧驱动轮应同步,发现偏移时应停止作业,调整好后方可继续使用。

(13)作业中,严禁任何人从一台桥式起重机跨越到另一台桥式起重机。

(14)操作人员由操纵室进入桥架或进行保养检修时,应有自动断电联锁装置或事先切断电源。

(15)露天作业的起重机,当遇六级及以上大风时,应停止作业并锁紧夹轨器。

(16)起重机的主梁挠度超过规定值时,必须修复后方可使用。

(17)作业后,门式起重机应停放在停机线上,用夹轨器锁紧,并将吊钩升到上部位置,吊钩上不得悬挂重物。

(18)作业后,应将控制器拨到零位,切断电源,关闭并锁好操纵室门窗。

2)现场照片

门式起重机现场照片如图3-18所示,桥式起重机现场照片如图3-19所示。

图3-18 门式起重机

图3-19 桥式起重机

3.5.3 架桥机吊装作业

1)架桥机操作

(1)参与操作的所有人员应经过培训并取得作业人员资格证。

(2)司机操作架桥机时,不允许从事分散注意力的其他任何工作。

(3)司机体力和精神不适时,不得操作架桥机。司机应接受指挥信号的指挥,无论何时,司机都应执行来自任何人发出的停止信号。

(4) 司机应对自己直接控制的操作负责。无论何时,当怀疑有不安全情况时,司机应在操作架桥机之前和管理人员协商。

(5) 在离开架桥机之前,司机应做到下列要求:

①桥梁未架设到位,司机不得离开架桥机。

②使制动器制动或设置其他保险装置。

③将所有零控制器置于零位或空挡位置。

④发动机熄火。

(6) 有超过架桥机工作状态极限风速的大风警报或架桥机处于非工作状态时,应将其可靠锚定。

(7) 在接通电源或开动设备前,司机应查看所有控制器,使其处于零位或空挡位置,所有现场人员均在安全区内。

(8) 在每个班开始,司机必须试验所有控制器。如果控制器操作不正常,应在架桥机运行之前调试和修理。

(9) 当风速超过设备制造单位规定的最大风速时,不允许操作架桥机。

(10) 架桥机作业时,应视线良好并提供有效的通信手段保证架桥机的安全操作,不应在雾雪、雷雨等恶劣天气条件下作业,不宜在夜间进行作业。

2) 架梁作业

(1) 确认待架梁体的自重和外形尺寸在架桥机作业能力覆盖范围之内。

(2) 吊具与梁体确认可靠联结后方可起吊。起升不超过100mm距离时应制动、下降,如此试吊2次确认起升制动安全可靠后方可正式起吊梁体。

(3) 起吊梁体时,应两端分别进行,单端起吊后梁体的倾斜程度应满足待架梁体的相关要求。

(4) 采用拖拉喂梁时,应保证前吊梁小车与运梁车驮梁小车同步行走。

(5) 架桥机架梁操作应严格按照架桥机操作手册或使用说明书的规定进行。

3) 设备照片

(1) 架桥机(图3-20)

a)

b)

图3-20 架桥机

（2）区域警戒（图 3-21）

a)

b)

图 3-21 区域警戒

4）吊装作业展示（图 3-22）

a)

b)

图 3-22 吊装作业展示

3.5.4 塔式起重机吊装作业

1）基本要求

（1）起重操作人员和指挥人员必须经行政主管部门考核合格，取得相应的"特种设备作业人员证书"。司机和指挥人员应配备必要的通信设施。指挥人员应身着醒目的衣物。

（2）作业前，应进行空载运转，试验各工作机构是否运转正常，有无异响，各机构的制动器及安全防护装置是否有效，确认正常后方可作业。

（3）司机与信号指挥人员要密切配合，信号清楚后方可开始操作。

（4）严禁任何人员乘坐或利用起重机升降。

（5）操纵控制器要从零位开始逐级操作，严禁越挡操作。

（6）不论哪一部分在运转中变换时，首先将控制器扳回零位，待该传动停止后再开始逆向运转，禁止打反车操作。

(7)起重物上升时,钩头距臂杆端部不得小于1m。

(8)起重机运行时,禁止开到端部2m以内的地方。

(9)塔式起重机起重臂每次变幅后,必须根据工作半径和重物重量,及时对超载限位装置的吨位进行调整。

(10)起重机升降重物时,起重臂不得进行变幅操作。变幅时也不能与其他三种动作(运行、旋转、起升)中的任何一种动作同时进行。

(11)塔式起重机作业时,禁止斜拉重物或提升埋在地下的物件。

(12)被吊物的边缘距高压线最外边水平距离不得小于2m。

(13)未经许可严禁攀爬塔机,经过批准的人只有在塔机操作者停机后才能上塔机或下塔机。

(14)工作中,休息或下班时,不得将起重机处于空中悬挂状态。

(15)作业中遇六级以上大风、大雨等恶劣天气时,应停止起吊作业。

(16)司机发现任何危害塔机操作安全的缺陷,应立即停止作业,严格遵守"十不吊"的规定。

(17)夜间操作必须有充足的照明。

2)设备照片

塔式起重机现场照片如图3-23所示。

a)

b)

图3-23 塔式起重机

3.5.5 桥面吊机作业

1)基本要求

(1)吊机应由经过专业培训的操作人员操作,做到定岗定责。

(2)吊装作业设置专门指挥,在吊机工作过程中,操作人员应实时观察各种仪表的指示是否正常,如有异响或其他紧急情况,应立即停车。

(3)吊机开机前,应检查各连接螺栓和紧固螺栓是否有松动,支锚是否牢固可靠,密封件、管路接头是否密封,检查制动器的开合是否正常,卷扬机卷筒上的止动插销是否已解除。

（4）设备在每次运转时，必须先发出警告信号。

（5）钢绞线如有结冰，在没有可靠的加热融冰手段下，不能进行钢绞线收放操作，以免造成因夹片及弹簧底座内结冰，夹片失效。

（6）不允许提升超过额定起重量的重物，严禁用吊具斜拉提升重物。

（7）当风力大于规定值时，应禁止作业；长期悬重停机时，应插上卷扬机止动销。

（8）夜间操作应有充足照明。

2）检查要点（表3-7）

桥面吊机作业检查要点　　　　表3-7

锚头与扁担梁卸扣连接紧固

检查要点：锚头与扁担梁中心偏移距是否准确；锚头与扁担梁之间限位是否牢靠；卸扣连接是否紧固；钢丝绳有无受损、断丝现象

吊点螺栓检查

检查要点：吊点螺栓是否有松动

滑轮及限位板

检查要点：滑轮及限位板是否有效；钢丝绳有无脱槽

续上表

安装爆闪灯

检查要点：吊具是否安装爆闪灯、夜间发光警示

吊具

检查要点：钢梁离地后是否悬停后再连续起吊；吊具重心是否调整准确

3）吊装作业展示（图 3-24）

a)

b)

图 3-24　吊装作业展示

3.6 特殊吊装作业安全管理

3.6.1 涉高压线吊装作业

基本要求：

（1）进行方案交底工作，明确施工步骤及施工机械型号要求，严禁使用型号不明的机械设备，强调交底吊车大臂起升高度和防电措施等。

（2）提前清理好施工场地，对不平整地段进行平整，确定施工场地满足施工要求。

（3）施工人员安全教育交底到位，明确施工顺序，严禁违规违章操作。

（4）明确梁板架设点下方施工道路导改条件，施工导改报备完成后，签署吊装作业令后才能进行施工导改工作。

（5）施工人员配发合格的安全防护用品，佩戴绝缘手套和绝缘鞋。

（6）在施工现场打设接地桩，确保有效接地，接地线根据施工要求进行设置，导向横截面不得小于 6mm²。

（7）在干燥地面打设接地桩后，应在接地桩处灌注水，确保地面具有良好的导电率。

（8）施工机械设备需进行接地，接地线应连接到车身上部，不得虚接、漏接。

（9）电力监管人员及电力局人员确定施工车辆高度及高压线高度，确保安全距离（表3-8）。需注意吊车大臂斜线高度与起竖高度差，例如：吊车大臂斜线高度为26m，起竖高度为28m，施工时应控制在合理范围内。

起重机臂架、吊具、辅具、缆风绳等与输电线的安全距离　　　　　　　表3-8

输电线路电压（kV）	<1	1~20	35~110	154	220	330
最小距离（m）	1.5	2	4	5	6	7

（10）可以设置高压线吊装预警装置（图3-25），在起重设备高度超过规定高度后进行报警，减少事故发生。

图3-25　高压线吊装预警装置

3.6.2　涉路施工吊装作业

1）基本要求

（1）在组织实施跨国省道、跨高速公路、铁路、临近高速公路、铁路、高压线、各类危化品管线等危险性较大的分部分项工程施工前，应编制相应的交通组织方案、专项施工方案等，并按相关程序组织审查论证和审批、备案后方可实施。

(2)做好安全、技术、特种(专用)设备操作(指挥)及一线作业人员等相关人员的安全、技术交底。

(3)严格按照方案落实交通组织设施布设、涉路作业控制区、跨线施工防护棚架或兜底防护等措施,落实施工现场交通组织保障。改扩建项目应严格执行"一点一方案",每个施工点应有专项方案、专项措施支撑。

(4)严格执行"涉路施工许可令、吊装令、运输令"等作业许可,落实"首吊""试吊"机制,吊装作业现场应设置安全警戒区,禁止无关人员出入。

(5)要认真做好吊装所用设备和所用钢丝绳、吊钩、安全装置的检查,确保使用状态良好,严禁设备带"病"作业。

(6)跨线等大型预制构件吊装作业前应组织桌面推演、专家把关,吊装作业时安排专业人员旁站指导,确保涉路跨线吊装作业风险可控;临近构筑物、既有道路等施工时应当制定并落实有针对性的现场安全防护措施,做到封闭到位、隔离有效、警示醒目。

(7)在大型履带起重机、汽车起重机等高耸设备进场前应先确认便道、便桥、作业场地是否平整坚实,地基承载力是否满足设备使用要求;履带起重机配重应满足作业要求并有效固定。

(8)涉路或涉构筑物施工应当保证安全作业时空或设置相应的安全保护措施。

(9)应全面推行班组作业标准化创建,严格执行"工点工厂化""6S"管理,按照相关要求落实施工场地内区域规划,构建安全施工环境,强化工人安全保障。

(10)应科学编制涉路施工保通保畅应急预案,明确应急物资和应急装备配置要求,联合相关单位不定期开展涉路施工应急培训和演练。

(11)严格执行应急值班值守和领导干部带班制度,一旦发生事故险情,应积极配合相关部门采取措施,最大限度减少对道路交通的影响。

2)道路导改及警示(图 3-26)

a)

b)

图 3-26

c)

d)

e)   f)

g)   h)

图 3-26　道路导改及警示

3)吊装作业展示(图 3-27)

图 3-27　吊装作业展示

3.6.3　群塔吊装作业

1)基本要求

(1)群塔作业必须照顾相邻塔式起重机作业情况,包括其吊运方向、塔臂转动位置、起吊高度、塔臂作业半径内的交叉作业,并由专业信号工设立限位哨,以控制塔臂的转动位置及角度,严防吊运物体及吊绳相碰,确保交叉作业安全。

(2)操作前必须先检查各限位装置,确认安全装置是否灵活可靠;钢丝绳有无损伤,是否需要更换。

(3)低塔让高塔:一般情况下,主要位置的塔式起重机、施工繁忙的塔式起重机安装得较高,次要位置的塔式起重机安装得较低;施工中,低位塔式起重机应关注受影响的高位塔式起重机运行情况,在查明情况后再进行动作。

(4)后塔让先塔:在两塔机塔臂交叉区域内运行时,后进入该区域的塔机避让先进入该区域的塔机。

(5)运行塔让静塔:在两塔机塔臂交叉区域内作业时,运转的塔机应避让处于静止状态的塔机。

(6)轻车让重车:在两塔机同时运行时,无载荷塔机应主动避让有载荷塔机,塔式起重机在转臂时,严禁与相邻塔式起重机在同一地点同时进行吊装作业。

(7)作业范围内的低塔顶升加节时,高塔应停止作业。高塔顶升时,低塔不得在高塔顶升范围内作业。

(8)群塔吊装作业时,低塔最高位置与高塔最低位置之间的距离不得小于 2m;低塔起重臂保持与高塔塔身 5m 以上的距离。

(9)当风速达到 6 级以上时,塔式起重机必须停止作业。

2)吊装作业展示(图3-28)

图 3-28　吊装作业展示

3.6.4　水上吊装作业

1)基本要求

(1)应严格按照操作规程和施工工艺要求作业,指挥人员信号明确、手势标准,施工人员应站在安全位置操作。

(2)吊装施工应选择水流流速小、风速小的平潮期进行;如锚需要侵入航道,应提前在规定时间内告知海事部门,必要时发布通航公告,采取临时封航或交通管制,安排警戒船进行警戒。

(3)吊装前,对浮式起重机及吊装用钢丝绳、高强度卸扣、卷扬机等设备进行检查,对吊物吊耳焊接质量进行检查,确认完好。

(4)正式起吊前,核对吊点与卸扣销轴的直径,钢丝绳的角度、长度是否一致,确保各钢丝绳同步受力。

(5)吊装作业时,作业人员应尽量站在操作平台远端区域。浮式起重机操作时施行点动,禁止连动,并缓慢松钩。

(6)船只锚定后应昼夜派人值班,显示相应的信号灯,并依据潮汐变化,检查、加固锚碇设施。

（7）船上或水中工作平台上接放缆绳的工作人员，应穿好救生衣，并站在适当的位置，以防落水。

（8）当遇六级以上大风或大雨、雷雨等恶劣天气时，应停止工作，检查、加固水面上船只和锚缆设施。遇到台风等恶劣天气时，应听从安排到指定处锚地避风。

2）吊装作业展示

浮式起重机吊装作业展示见图3-29。

图3-29　浮式起重机

附录 达到或超过报废标准的可见钢丝数

高速公路建设安全管理手册

附表 1

达到或超过报废标准的可见钢丝数

钢制滑轮上使用的单层股钢丝绳和平行捻密实钢丝绳

钢丝绳类别号 RN	外层股中承载钢丝的总数 n	可见断丝的数量					
		在钢制滑轮和/或单层缠绕在卷筒上工作的钢丝绳区段（钢丝断裂随机分布）工作级别 M1~M4 或未知级别				多层缠绕在卷筒上工作的钢丝绳区段 所有工作级别	
		交互捻		同向捻		交互捻和同向捻	
		长度范围					
		≥6d	≥30d	≥6d	≥30d	≥6d	≥30d
01	$n \leq 50$	2	4	1	2	4	8
02	$51 \leq n \leq 75$	3	6	2	3	6	12
03	$76 \leq n \leq 100$	4	8	2	4	8	16
04	$101 \leq n \leq 120$	5	10	2	5	10	20
05	$121 \leq n \leq 140$	6	11	3	6	12	22
06	$141 \leq n \leq 160$	6	13	3	6	12	26
07	$161 \leq n \leq 180$	7	14	4	7	14	28
08	$181 \leq n \leq 200$	8	16	4	8	16	32
09	$201 \leq n \leq 220$	9	18	4	9	18	36
10	$221 \leq n \leq 240$	10	19	5	10	20	38
11	$241 \leq n \leq 260$	10	21	5	10	20	42
12	$261 \leq n \leq 280$	11	22	6	11	22	44
13	$281 \leq n \leq 300$	12	24	6	12	24	48
	$n > 300$	$0.04n$	$0.08n$	$0.02n$	$0.04n$	$0.08n$	$0.16n$

阻旋转钢丝绳

钢丝绳类别号 RN	钢丝绳外层股数和在外层股中承载的钢丝总数 n	可见断丝的数量			
		在钢制滑轮和/或单层缠绕在卷筒上工作的钢丝绳区段		多层缠绕在卷筒上工作的钢丝绳区段	
		长度范围			
		≥6d	≥30d	≥6d	≥30d
21	4股 $n \leq 100$	2	4	2	4
	3股或4股 $n \geq 100$	2	4	4	8
23-1	至少11个外层股 $76 \leq n \leq 100$	2	4	4	8
23-2	$101 \leq n \leq 120$	2	4	5	10
23-3	$121 \leq n \leq 140$	3	6	6	11
24	$141 \leq n \leq 160$	4	6	6	13
25	$161 \leq n \leq 180$	4	7	7	14
26	$181 \leq n \leq 200$	4	8	8	16
27	$201 \leq n \leq 220$	5	9	9	18
28	$221 \leq n \leq 240$	5	10	10	19
29	$241 \leq n \leq 260$	5	10	10	21
30	$261 \leq n \leq 280$	6	11	11	22
31	$281 \leq n \leq 300$	6	12	12	24
	$n > 300$	6	12	12	24